Futtern Sie die Affen nicht

Übelsetzungen

Ultimative Sprachpannen aus aller Welt

Langenscheidt

Berlin · München · Wien · Zürich
London · Madrid · New York · Warschau

Langenscheidt Futtern Sie die Affen nicht
Übelsetzungen – Ultimative Sprachpannen aus aller Welt
mit Texten von Titus Arnu
herausgegeben von Monika Schaffrath und der Langenscheidt-Redaktion

Idee und Konzeption: Langenscheidt-Redaktion
Layout: Katharina Steinmetz
Cover: Agentur Kopfbrand, München

Für die Unterstützung bei der Bildrecherche danken wir
☞ fotocommunity
www.fotocommunity.de

© 2011 Langenscheidt KG, Berlin und München
Satz: Regg Media GmbH, München
Druck: Kösel, Krugzell
ISBN 978-3-468-29860-8
www.langenscheidt.de

11010

Inhalt

Vorwort

Wenn ein italienisches Restaurant neben „Radhemmungen" auch einen Salatteller mit „unterschiedlichen Rohheiten" anbietet, ist das eine sehr schöne Umschreibung für „keine Ahnung, wovon wir hier sprechen, aber Hauptsache, Sie fühlen sich wohl bei uns". Genau so ist es mit diesem Buch. Es steckt voller irrer Fehler, wahnwitziger Formulierungen und missglückter Beschreibungen – und gerade deshalb, so hoffen wir, fühlen Sie sich als Leser verstanden. Schließlich haben Sie uns wieder bergeweise Übelsetzungen aus aller Welt geschickt, selbst von Orten

„außerhalb der Komplexität". Besonders köstlich ist wieder einmal die internationale Küche – auf Speisekarten und in Rezeptbüchern finden sich die seltsamsten sprachlichen Klöpse. Darunter sind süße Sachen wie „niedliches Filet", „Schokoladenmus mit Zigarettenmasse" oder „kleines Häpschen groß", aber auch bizarre Spezialitäten wie „erste ausgedrückte Sockel", „Heißes Pferdemist auf Salat" und „Bakterium mit Huhn". Wir wünschen guten Genuss.

Titus Arnu

FUNKY WATER SPORT'S

1 *Alanya, Türkei*

Km stunde 110'und 4 starkiger zündündseinbau
Ein lustioer und geschmack fahrt
УДОВОЛЬСТВИЕ НА ЧЕТЫРЕХ
ЦЕЛЕНДРОВОМ СКУТАРЕ 110 ЛОШАДЕЙ

Sörten sie auch mal in Alanya wellen
СЕРФИНГ С АЛАНИИСКОЙ

Worsserschie
СЕРФИНГ НА ЛЫЖАХ

Fur sie und besanderes an ihre, kinde
Die schönste geschenk!
ДЛЯ ВАС И ВАШИХ
ДЕТЕЙ БАНАН

IN ALANYA ist Wassersport echt funky. Neben „Worsserschie" (einer abgefahrenen Variante von Wasserski) gibt es auch innovative Sportarten wie „4 starkiger Zündundseinbau" und „Ader rips rollen". So etwas kann unheimlich viel Spaß machen, auch wenn es sich um umweltschädliche Jetski, gewöhnliche Schwimmreifen und alberne Plastikbananen handelt.

Action und Abenteuer

Die Welt ist voller wahnsinnig aufregender Dinge, die entdeckt werden wollen – wahnsinnig schöne Landschaften, wahnsinnig spannende Kulturen, wahnsinnig interessante Orte. Auf der Suche nach Spannung und Action entdeckt der Weltenbummler allerdings manchmal Sachen, die der reine Wahnsinn sind. Hier eine kleine Auswahl.

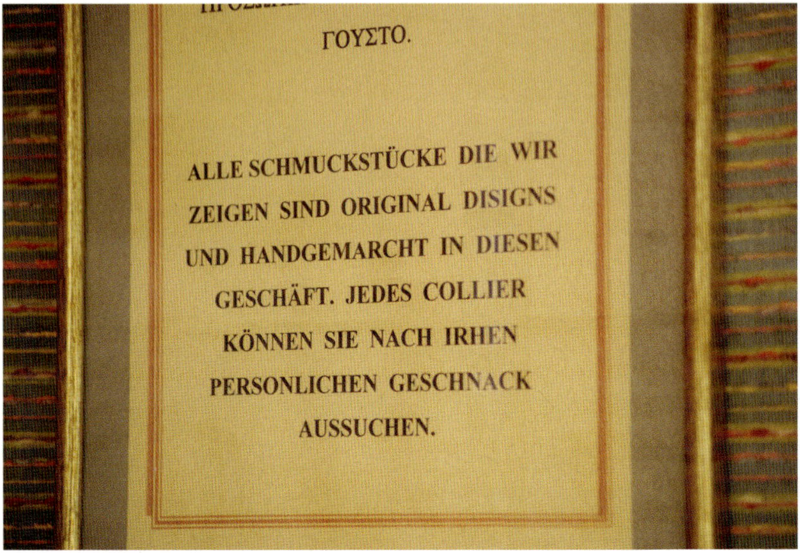
ΓΟΥΣΤΟ.
ALLE SCHMUCKSTÜCKE DIE WIR
ZEIGEN SIND ORIGINAL DISIGNS
UND HANDGEMARCHT IN DIESEN
GESCHÄFT. JEDES COLLIER
KÖNNEN SIE NACH IRHEN
PERSONLICHEN GESCHNACK
AUSSUCHEN.

Sigurd Laukel

1 *Kreta, Griechenland*

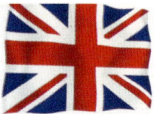

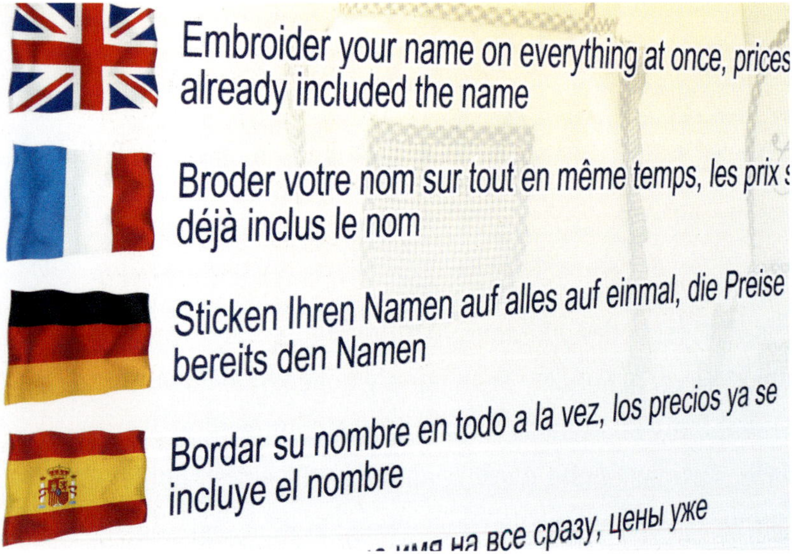
Embroider your name on everything at once, prices
already included the name
Broder votre nom sur tout en même temps, les prix
déjà inclus le nom
Sticken Ihren Namen auf alles auf einmal, die Preise
bereits den Namen
Bordar su nombre en todo a la vez, los precios ya se
incluye el nombre
на все сразу, цены уже

Heiko Gerlicher

2 *Verona, Italien*

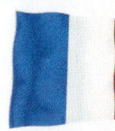

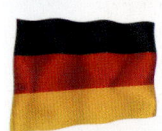

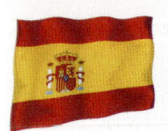

Udo Weber

Meister Aus Europa top 10 !! UM 08.00 bis 22.00 UHR Jeden Tag

MONTAG
Herren Verwöhntag
Waschen + Schneiden
Fönen + KOPFMASSAGE
5 €
SAMMSTAK
Damen Verwöhntak
Waschen + Schneiden
Fönen Packung
13 €

MITTWOCH
MANIKÜRE
und
PEDIKÜRE
12 €

DIENSTAK
Strähnen TAK
20 % Rabat
Packung umsonts
DÖNERSTAK
Färben art
20 % Rabat

3 *Side, Türkei*

1 VOR JAHREN erregte Fürstin Gloria von Thurn und Taxis Aufsehen mit ihrer Aussage über die Schnacksel-Sucht in südlichen Ländern: „Dass die mehr schnackseln, hat mit den klimatischen Bedingungen da unten zu tun." Das war natürlich bodenlos, aber eine gewisse Vorliebe für ein gewisses Geschnackel kann man nicht wegdiskutieren, wie dieses Schild aus Kreta beweist. Aber gut – jeder nach seinem „Geschnack".

2 EINE BESTECHENDE Idee für ein Mitbringsel: Alles auf einmal, bestickt mit dem eigenen Namen. Das Tolle daran: Der Tourist hat die Arbeit und das Verletzungsrisiko, denn er muss die Handarbeit laut Informationstafel selbst erledigen. Ein gutes, wenn auch rätselhaftes Geschäft für den Souvenirhändler.

3 ALS „MEISTER aus Europa" weiß man, was die Kundschaft von einem Friseur erwartet. Nicht einfach nur Waschen und Schneiden, auf die Extras kommt es an. Am „Damen Verwöhntak" bekommen die weiblichen Kunden besonders viel Zuwendung, und am „Dönerstak" ist ein Dönerkebap inklusive.

Action und Abenteuer   **9**

★ ★ ★

HOTEL NETTUNO

- FRONTEMARE
- WIRPOOL
- WELLNESS
- ÄSTHETISCHE MITTE
- WIRELESS
- INTERNET POINT
- ANIMATIONKINDER
- GARAGE
- WIRPOOL
- GARTEN
- TRETBOOT
- KANUS
- RICSHIO

Jesolo, Italien

DIE EIGENE Mitte zu finden, ist für viele Urlauber gar nicht so leicht. Im Hotel Nettuno geht das aber gut, denn erstens gibt es dort einen „Wirpool", in dem man zuerst das Wir-Gefühl und dann das eigene Ich entdeckt. Zweitens wird dicsc Erfahrung systematisch vertieft, in der „ästhetischen Mitte". Das Centro Estetico ist übrigens ein Schönheitssalon.

Korsika, Frankreich

DAS SCHÖNE Hobby des Stempelns ist leider etwas aus der Mode gekommen. Es gibt immer weniger Stempelgeschäfte; Stempelverkäufer müssen wegen mangelnden Umsatzes selbst stempeln gehen. In Frankreich gibt es einen der letzten speziellen Stempelläden – leider handelt es sich aber nur um einen Kiosk, der Briefmarken (Englisch: stamps) verkauft.

Eberhard Brachhold

Katharina Schnabel

ARGAN
Oil

FOR EXTRACTING
NATURAL OILS,
HERBS AND COSMETICS

ARGAN
Oil

Eigenschaften:

- Zugetroffen auf der Haut, um sie auszudehnen und Knicken vers chwinden zu lassen.
- Ernährt die trockene Haut.
- Konserviert Balance Ihres Teints.
- Versieht den Körper mit seinen Wasser anf orderungen.
- Nimmt leistungsfähig teil, an schwache Nägel zu verstäeken.
- Ernährt den Körper und die Hilfen, die er sich entspannt.
- Nützlich und vollkomm en im massier enden und Musk elausdehnem Körper.
- Hilft dem Körper zu behandeln und Flabbiness zu verstecken resultierte aus den verschiedenen klimatischen Mitteln : z.B. Sonne, Wind, Kälte...

1 *Zarsis, Tunesien*

2 *Dunajec, Slowakei*

1 IM LAUF der Jahre schlafft ein Körper leider ab, Experten sprechen von „Flabbiness". Die Haut bekommt „Knicken", die Nägel werden schwach, alles hängt runter. Mit dem „Argan Oil" ist das kein Thema mehr, denn alle Schlaffheit verschwindet durch dieses Wunderprodukt.

2 DAS ZIPSERLAND, auch „die Zips" genannt, ist ein lustiger Landstrich im Nordosten der Slowakei. Es geht dort recht seltsam zu. Die Menschen sprechen Zipserdeutsch, einen bizarren Dialekt, und slowakische Schilder werden frohgemut ins Zipserenglisch übertragen, auch wenn die Übersetzung hinkt.

Teneriffa, Spanien

KER

Souvenir

Modeschmuck

Ergänzung

IN DIESEM sympathischen Laden namens „Bunker" gibt es wunderschöne Sachen zu kaufen: beknackte Hüte, witzige Stoffhühner, authentische Steinschleudern. Da fehlt fast nichts im Angebot, und dennoch möchte man etwas hinzufügen. „Complementos" heißt in diesem Fall „Accessoires", nicht „Ergänzung". Das nur als Ergänzung am Rande.

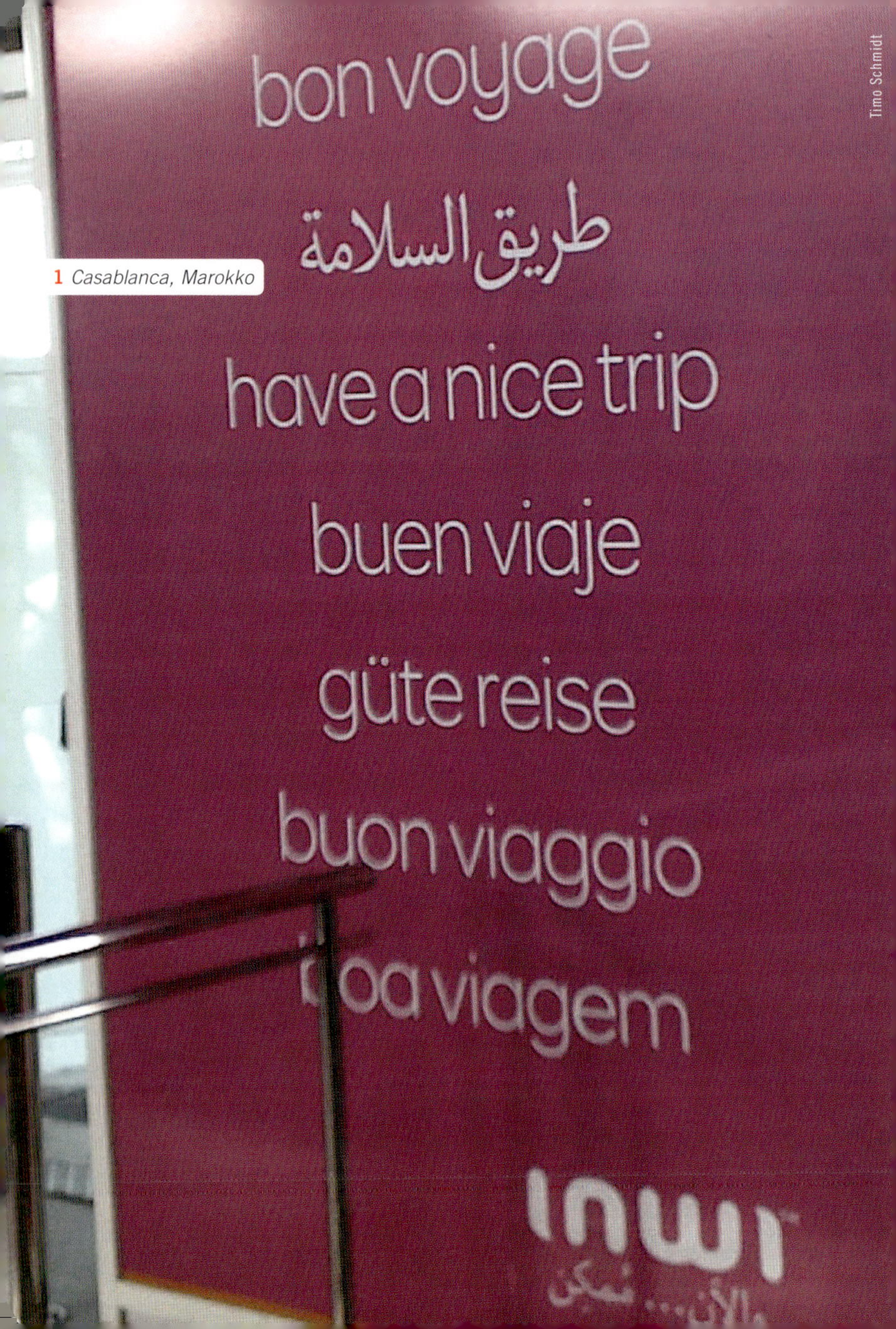
bon voyage
طريق السلامة
have a nice trip
buen viaje
güte reise
buon viaggio
oa viagem
inwi
1 *Casablanca, Marokko*

Timo Schmidt

grünen Pfeffer und Kräutermisc

Italské pohlazení - *(koktejl s k*
vejcem s jogurtovým dresinkem
Streicheln a la Italien - *(Cocktai*
Ei mit Joghurtdressing)

Salát Caprese - *(plátky čerstvýc*
Balsamico a sypané bazalkou p

Anne Mählmann

2 *Loučná, Tschechien*

1 DIE MAROKKANER meinen es güt mit den Türisten. Sprach-
gewandt wird jeder Besücher aus dem Land verabschiedet, wenn
er in Casablanca abreist. Mit den Ümlauten haben sie allerdings ein
bü𝚜schen übertrüben. Na gül. Meine Gule!

2 ITALIEN! La dolce vita, schöne Frauen, Sonne, kräftiger Wein und
alles, was dazu gehört! Auch in Tschechien sehnt man sich nach süd-
licher Lebensart – oder zumindest nach dem Klischee davon. In diesem
Lokal kann man „Streicheln a la Italien" bestellen, aber es scheint sich
nicht um Streicheleinheiten von der italienischen Kellnerin zu handeln,
sondern leider nur um ein seltsames Gericht mit Ei und Joghurtdressing.

MAYBE YOU HAVE MISSED THEM TILL NOW, IN YOUR EAGERNESS OF LIVING, HERE YOU HAVE AN ANGEL CALLER, SO YOU CAN ALWAYS CALL THEM, WHENEVER YOU NEED THEM.

Marion Steitz-Hrabal

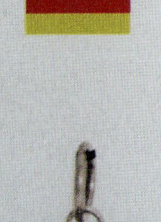

VIELLEICHT HAST DU DIESE, DIESES MAL VERPASST, HIER HAST DU EIN „ENGELRUFER" UM DIESE ZU RUFEN, WANN IMMER DU DIE BRAUCHST.

Mallorca, Spanien

ENGEL sind irgendwie nicht zu fassen. Diese flatterhaften Lichtwesen schwirren immer ab, wenn man sie mal braucht. Zum Glück gibt es Engelrufer Anhänger mit kleinen Glöckchen. Das Wort existiert auch auf Deutsch, aber die Formulierung ist trotzdem kaum zu fassen.

Glückchen (Poštísko)

Vielleicht erkennt ihr es nach der Tasche selbst, dass dieser Schönling ein Postkobold Glückchen ist. Glückchen wird von ganzem Christkindkönigtum jeden Tag gebraucht. Die Welt ist weit und es sind in ihr so viele Kinder, wie Körnchen in einem Mohnkopf, sie sehen also, dass Glückchen immer genug Arbeit hat. Seine Aufgabe ist es vor allem, die Verfolgung der Kinderbriefe mit den Lüstchen für Geschenke. In der Christkindwerkstatt doch müssen die Sternchen, Tappenzwerge sowie alle sonstige wissen, was sich ein Kind wünscht, was erzeugt werden muss. Auch das Christkind muss wissen, wohin die Geschenke zugesendet werden müssen.

Boží Dar, Tschechien

MIT DER Existenz eines „Glückchens" hatte man nicht im Träumchen gerechnet. Doch offenbar ist es so, wie es auf einem Schildchen an einem Kindererlebnispfädchen in kleinen Buchstäbelchen steht: In der Welt gibt es viele Kindchen mit Lüstchen nach Geschenkchen. Ein Postkoboldchen namens Glückchen muss diese Lüstchen an das Sternchen und sogenannte „Tappenzwergc" licfcrn. Echtchen? Was für ein Quatschchen.

ໂຮງແຮມແສງອາລຸນ
SANG AROUN HOTEL

ຖູ່ປອງອາຫານເຊົ້າ
BREAKFAST COU-

ວັນທີ:.....1·10·10.....
On Date

☐ ອາຫານເຊົ້າຊຸດອາເມລິກັນ
America Breakfast

ຫ້ອງພັກ.....416.....
Room No

☐ ອາຫານເຊົ້າຊຸດຄອນຕິເບບທັດ
Congenital Breakfast

ລາຄາ.....................
Value

☐ ອາຫານເຊົ້າເອເຊຍ
Asian Breakfast

ໝາຍເຫດ/ Remark

ຖູ່ປອງນີ້ລວມຄ່າອາຫານ ແລະ ເຄື່ອງດື່ມໃນຊຸດເທົ່ານັ້ນ
This Coupon is for food and drink item in set only

ຖູ່ປອງນີ້ໃຊ້ໄດ້ຕາມວັນທີກຳນົດໄວ້ເທົ່ານັ້ນ
This Coupon is valid for the date show

ບໍ່ສາມາດປ່ຽນເປັນເງິນສົດໄດ້
No cash refunds allowed

Pakse, Laos

MAN RECHNET ja mit vielen kuriosen Köstlichkeiten in Laos, aber Geschlechtsteile zum Morgenkaffee? Würg. Nein danke. Dann lieber nicht das kongenial übersetzte „Continental Breakfast", sondern das asiatische. Und Eier sind beim amerikanischen Frühstück wahrscheinlich auch dabei.

Wir danke Ihnen für Ihre Aufmerksamkeit und wünsche Ihnen
noch einen schönen Tag
und einen angenehmen Aufenthalt in Meschers.

Um aus unserem troglodytique Standort herauszukommen folgen dem
Pfeil " Ausgang Garten" ,
der hinter der Orientierungstafel angesiedelt ist.

Danke Ihre Übersetzung in Deutsch in der Kiste vorzulegen, die mit
dieser Wirkung alles in oberem Teil der Treppe vor darauf zu achten
vorgesehen ist, die Tür hinter Ihnen gut wieder zu schließen,
wenn er Ihnen gefällt.

Meschers, Frankreich

VORSICHT! Dieser „troglodytique Standort" in Frankreich ist eine
Touristenfalle. Um aus der Höhle hinauszufinden, muss man einem
Schild folgen, das hinter der Orientierungstafel verborgen ist. Wer
den Weg ins Freie findet, muss noch eine Kiste suchen, ein Rätsel
lösen und auf dem oberen Bereich der Treppe eine gute deutsche
Übersetzung vorlegen. Das wäre bitter nötig, scheint aber unmöglich
zu sein.

美容美发
BEAUTY SALON

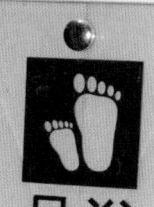

足浴
FOOT MASSAGE

保健推拿
FOOT MASSAGE

1 *Peking, China*

美容
FOOT MASSAGE

LOS SERVICIOS SOLO PARA USO
DE
NUESTROS CLIENTES.

· · ·

ELS SERVEIS NOMES PER A US
DELS
NOSTRES CLIENTS.

· · ·

THE REST ROOMS ONLY FOR
OUR
CUSTOMERS USE.

· · ·

LES TOILETTES A UTILISER
SEULEMENT
PAR NOS CLIENTS.

· · ·

DIE RUHEN-ZIMMER NUR FÜR
RESTAURANT GÄSTE.

Nadja Müller

2 *Salou, Spanien*

1 EINE FUSSMASSAGE kann wahre Wunder wirken. Kenner dieser uralten chinesischen Wellness-Behandlung verzichten auf Rückenmassagen, alle anderen Streicheleinheiten und sogar auf den Friseur – mit der richtigen Fußmassagetechnik kann man sich das alles sparen. Vielleicht wurden bei der radikalen Fußbehandlung aber auch alle anderen Bedeutungen der chinesischen Schriftzeichen weggerubbelt.

2 UM HALBWEGS höflich zu klingen, sagen Menschen nicht gerne Klo, wenn sie Klo meinen, sondern lieber „Waschraum" oder „stilles Örtchen". Dabei ist jedem klar, dass das Klo nicht vorrangig dazu dient, sich zu waschen oder die Stille zu genießen. Wer also Ruhe sucht, sollte sich nicht im „Rest Room" hinlegen, das ist normalerweise nicht so gemütlich.

Andrea Frech

Es ist untersagt krumme Wege zu gehen!

Wiesbaden, Deutschland

IM WIESBADENER Kurpark geht normalerweise alles mit rechten Dingen zu. Rechtschaffene Leute gehen auf rechtwinklig angelegten Wegen ordentlich spazieren. So muss das sein in Wiesbaden. Auf die schiefe Bahn kommt dort selten einer. Rechtsbrecher, die dennoch vom rechten Weg abkommen, werden deshalb auf einem extrem ordentlich angeschraubten Schild vor krummen Touren gewarnt.

Hürden und Stolpersteine

„Korekktes" Verhalten im Ausland ist fast so schwierig wie koregte Rechtschreibung. Soll man wirklich in eine „Abfalltute" blasen, um den Müll loszuwerden? Müssen die Kinder im Schwimmbad tatsächlich „Muffe" tragen? Und wie verwendet man „Luftmairaizan" auf sachgemäße Art? Wir haben dazu ein paar Hilfestellungen gesammelt.

Nina Litters

PERICOLO
LAVORI IN CORSO
DIVIETO D'ACCESSO

DANGER
WORKS IN PROGRESS
PROHIBITION OF ACCESS

GEFAHR
ARBEITEN IN KORSISCHES
VERBOT VON ZUTRITT

Pioppi, Italien

WAS BEDEUTET es, wenn auf einer italienischen Baustelle „Arbeiten in Korsisches" stattfinden? Sprechen die Arbeiter nur Korsisch? Tragen die Bauarbeiter etwa Korsette? Nein, da hat nur jemand seine sprachlichen Arbeiten etwas komisch erledigt: „corso" als Adjektiv heißt „korsisch", als Substantiv jedoch „Verlauf, Gang".

Umag, Kroatien

SELBST GUT erzogene Hunde verletzen schnell mal religiöse Gefühle. Ist ein besonders begabter Hund beispielsweise in der Lage, über Wasser zu laufen, sollte man das Tier in der Öffentlichkeit lieber nicht auf Wellen wandeln lassen. Das könnte leicht als tierische Blasphemie gedeutet werden.

WARNING!

🇮🇹 Non scendere dall'auto
🇬🇧 Do not get out of your car
🇩🇪 Bitte steigen Sie aus dem auto

🇮🇹 Tenere gli sportelli e i finestrini chiusi
🇬🇧 Keep doors and windows closed
🇩🇪 Schlissen Sie Turen und Fenster

🇮🇹 Non molestare gli animali non dare loro cibo
🇬🇧 Do not disturb the animals, do not feed them
🇩🇪 Belästigen und futtern sie keine Tiere.

LEGGERE ATTENTAMENTE IL REGOLAMENTO FORNITO
PLEASE READ THE REGULATION PUBLISHED
LESEN SIE DIE VERORDNUNG VERÖFFENTLICHT

1 *Bussolengo, Italien*

Rainer Oberschmied

2 *Bozen, Italien*

1 EINE HINTERHÄLTIGE Touristenfalle, der nur Deutsche zum Opfer fallen sollen. Aus dem Auto heraus kann man in diesem Safaripark Giraffen, Nashörner, Geparde und Hyänen beobachten. Italiener und Englisch sprechende Gäste werden gebeten, aus Sicherheitsgründen Türen und Fenster geschlossen zu halten, Deutsche werden aufgefordert, bitte aus dem Auto zu steigen. Wirklich todwitzig!

2 DIE TERRORGEFAHR in Europa kann dem Tourismus schaden. Das darf nicht sein, denn dann hätten die Terroristen schon einen Teilsieg errungen. Es gibt deshalb unterschiedliche Versuche, mit der Bedrohung umzugehen. In Bozen hat man sich für die radikale Variante entschieden: Es herrscht generelles Anschlagverbot. Es scheint nicht zu gelten für offizielle Anschläge der Stadtverwaltung.

Rogamos no utilizar colchonetas de agua
Keine luftmairaizan im backen, bitte
Please don't use airbeds in the pool

Rogamos no jugar con balones
Ballspielen ist nicht erlaubt
Please don't use balls

Prohibido vasos de cristal en la piscina
Prohibited glasses of crystal in the swimming pool
Verbotene Gläser des Kristalles im Swimmingpool

Los niños deben usar manguitos en la piscina
Die Kinder müssen Muffe im Swimmingpool gebrauchen
The children must use muffs in the swimming pool

Jan Austen

1 Teneriffa, Spanien

Christel Baude

ÇEVRE ve ORMAN BAKANLIĞI
ÖZEL ÇEVRE KORUMA KURUMU BAŞKANLIĞI

BELEK ÖZEL ÇEVRE KORUMA BÖLGESİ
SPEZİAL BELEK UMWELT UNTERSCHUTZUNG
BELEK SPECIAL ENVIRONMENTAL PROTECTION AREA (BSEPA)

BOĞAZKENT KUMSALINDA BULUNMAKTASINIZ
SİE BEFİNDEN SİCH AM BOĞAZKENT STRANDBEREİCH
YOU ARE AT THE BEACH OF BOĞAZKENT
KUMSALIMIZI KORUYALIM
BİTTE UNTERSCHÜTZEN WİR UNSERE STRANDBEREİCH
PLEASE TAKE CARE OUR BEACH

2 Bogaskent, Türkei

MOBY FREEDOM

Non gettare alcun
oggetto nel WC

Do not throw anything
inside of toilet

Etwas Gegenstand im WC
nicht werfen

3 *Korsika, Frankreich*

1 DAS IST JA ein reizendes Schwimmbad: „Luftmairaizan" sind „im Backen" verboten, und die Kinder müssen „Muffe" tragen. Was sollen die Kinder mit den Pelz-Ärmlingen im Wasser? Haart das nicht furchtbar? Eine ärmliche Übersetzung aus dem Spanischen: „Manguitos" sind Ärmelschoner, Spannhülsen, Manschetten, Schellen, Muffe – oder Schwimmflügel.

2 DER BOGASKENT-Strandabschnitt ist nicht zu unterschätzen, dafür aber zu „unterschützen". Dabei handelt es sich um eine spezielle, besonders tiefgehende Form des Umweltschutzes. Beim Unterschutz geht es darum, den sandigen Untergrund zur Unterschmutzung zu unterwahren, ohne dabei unterirdische Sprachunterschiede zwischen Türkisch und Deutsch allzu tiefernst zu nehmen.

3 AUF DER „Moby Freedom", einer Autofähre, ist die Freiheit arg begrenzt, sogar auf der Toilette. Da sich Gegenstände im Klo befinden, darf man die Schüssel nicht werfen. Auf anderen Schiffen ist so etwas Teil der Bordunterhaltung.

ACHTUNG!!!

SPRINGEN AUF EIGENE VERANTWOTUNG

DIE KLEINE KINDERN MÜSSEN IN DIE ANWESENHEIT VON DEN ELTERN SEIN

KEINE HACFTUNG:

- IST VERBOTEN GEFAHRICHE SPRINGE DURH ZU FÜHREN
- SPRINGEN AUS EINEM FELD INS ANDERE
- MEHRERE PERSONEN IN EINEM FELD ZU SPRINGEN
- SPRINGEN MIT DER BRILLEN, KATTEN UND ANDEREM SCHMUCK
- SPRINGEN AUF DIE GÄLENDE
- MIT DER SCHUEN
- DIE PERSONEN DIE SCHWERER AJS 80 KG SIND
- SPRINGEN AUS ARBEITEN ZEIT

DANKE

Belek, Türkei

WIE OFT sehnt man sich während der Arbeitszeit doch ganz woanders hin! Gerne in den Süden, in den Urlaub, an einen Pool. Geht aber leider nur in der Fantasie. Es sei denn, man befindet sich in einem ganz besonderen Schwimmbad in Kroatien: Dort ist es möglich, aus der Arbeitszeit zu springen. Dafür wird aber leider keine „Hacftung" übernommen.

Fischbachtal, Deutschland

AUFBLASBARE Swimmingpools stellen eine große Gefahr dar. Man ahnt es nicht, aber besonders Frauen mit langen Haaren, schlankem Body und Schmuck gehören zur Risikogruppe, die schnell mal einem Plastikpool zum Opfer fallen. Am schlimmsten sind die „Saugbeschläge", von diesen Dingern kann man „in die Gosse gelutscht" werden, einfach so.

Wien, Österreich

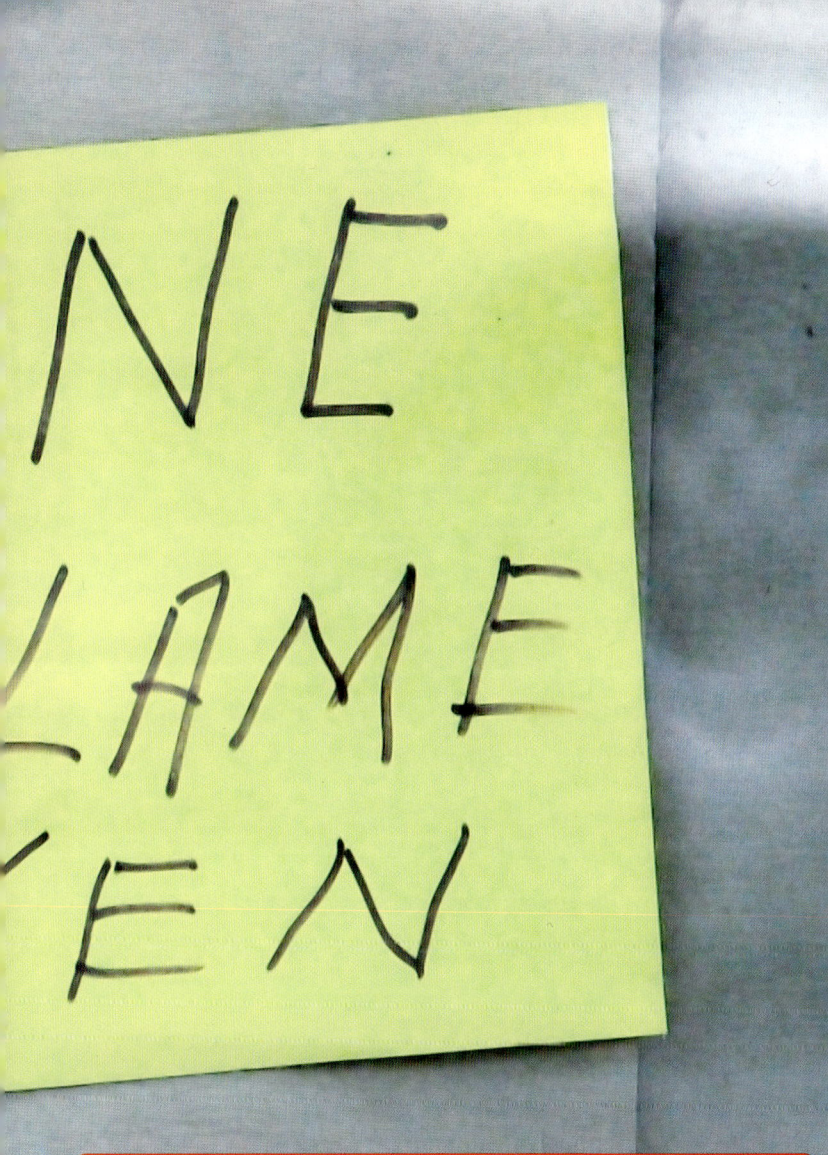

KANN REKLAME pieken? Vielleicht, wenn es sich um Kaktus-Werbung handelt. In diesem Fall handelt es sich aber um ein falsch geschriebenes österreichisches Wort: „picken" heißt kleben.

Warnung!

Unpassender Gebrauch von den Batterien darf zu Überhitzenbatterienauslaufen, Explosion und Schaden oder Verletzung, bitte liest die Folgenden Anweisungen vorsichtig führen:
-Nicht versucht, nicht aufladbare Batterien aufzuladen.
-Herausnimmt die Batterien vom Spielzeug, aufladbare Batterien zu laden.
-Batterien sind, mit der richtigen Polarität eingefügt zu werden.
-Aufladbare Batterien sind nur, unter erwachsener Aufsicht geladen zu werden.
-Nicht kurzschließt die Versorgungsterminale.
-Nicht mischt verschiedene Ausführungen der Batterien zusammen. Mischen Sie nicht neue und alte Batterien. Mischen Sie nicht alkalisch, Standard (Zinkkohlenstoff) und aufladbar (Ni-Cd) Batterien.
-Herausnimmt benutzte Batterien vom Spielzeug.
-Nur Gebrauch hat empfohlen Batterien, AG13/LR44 alkalische Batterien.
-Nicht verfügt über Batterien in feuert, als sie lecken dürfen, oder darf explodieren.

Behalten Sie diese Anweisungen für zukünftige Verweisung.

Avvertimento!

L'uso errato delle batterie potrebbe condurre alla dispersione di batteria di surriscaldamento, l'esplosione ed il danno o la ferita, ha letto per favore le istruzioni seguenti con attenzione:
-Non tenta di ricaricare le batterie non-ricaricabili.
-Toglie le batterie dal gioco per addebitare le batterie ricaricabili.
-Le batterie sono essere inserito con la polarità corretta.
-Le batterie ricaricabili sono solo essere addebitato sotto la supervisione adulta.
-Non cortocircuita le estremità di provvista.
-Non mescola le marche diverse di

Avertissement !

L'usage déplacé des piles peut mener à la surchauffe de fuite de pile, l'explosion et les dommages ou la blessure, s'il vous plaît lire les instructions suivantes soigneusement :
-Ne pas tenter de recharger des piles non-rechargeables.
-Enlever les piles du jouet pour charger des piles rechargeables.
-Les piles sont être insérées avec la polarité correcte.
-Les piles rechargeables sont seulement être chargé sous le contrôle adulte.
-Ne pas court-circuiter les terminaux de provision.
-Ne pas mélanger de marques différentes de piles ensemble. Ne pas mélanger de nouvelles et vieilles piles. Ne pas mélanger alcalin, la norme (le carbone de zinc) et rechargeable (Ni-Cd) les piles.
-Enlever des piles utilisées du jouet.
-Seulement l'usage a recommandé des piles, AG13/LR44 piles alcalines.
-Ne pas liquider de pile dans le feu comme ils peuvent fuir ou peuvent exploser.

Garder ces instructions pour la référence future.

Help the environment by disposing of your product and packaging responsibly.
-The wheelie bin symbols indicate the product and batteries must not be disposed of in the domestic waste as they contain substances which can be damaging to the environment and health. Please use designated collection points or recycling facilities when disposing of the item or batteries.

Ayuda el ambiente deshaciendo de su producto y embalando responsablemente.
-Los símbolos de cajón de wheelie indican el producto y las baterías no deben ser deshechos de en el desecho doméstico como ellos contienen sustancias que pueden estar dañando al ambiente y la salud. Utilice por favor puntos designados de colección o reciclaje que facilidades al deshacerse del artículo o las baterías.

Hilft der Umwelt durch Verfügen über Ihr Produkt und verpackend verantwortungbewusst.
-Der wheelie Behälter Symbole anzeigen, dass das Produkt und die Batterien über in der Innenverschwendung nicht verfügt werden müssen, während sie Substanzen enthalten, die zur Umwelt und der Gesundheit beschädigen können. Bitte Gebrauch hat Sammlungspunkte oder Wiederverwerteneinrichtungen beim verfügt über das Ding oder die Batterien bestimmt.

Aiuta l'ambiente eliminando il suo prodotto ed imballando responsabilmente.
-I simboli di recipiente di wheelie indicano il

Ilse Horn

Die Preise an der Bar vorsichtig von den
in der Tabelle bitte achten Sie auf das Menü

Si prega di non occupare tavoli con
coni o coppette grazie

Please do not sit at the tables with
cones or cups thank you

Bitte nicht auf tinches mit
tassen und eistüten sitzen.

2 *Mailand, Italien*

1 MIT BATTERIEN muss man furchtbar aufpassen. Was kann da nicht alles schieflaufen! Selbst wer es schafft, diese äußerst detaillierte Bedienungsanleitung zu befolgen, kann sich am Ende seines Lebens nicht sicher sein. Denn die Dinger dürfen lecken und explodieren, heißt es im Kleingedruckten.

2 DIE MEISTEN Lokale verfügen über eine Bar, Tische und Stühle. In diesem ganz besonderen Restaurant gibt es anstatt Tischen sogenannte „Tinches". Die einzigartigen Möbelstücke sind so populär, dass sich alle darauf setzen wollen, egal, was sie gerade tun. Sogar mit Tassen wollen die Gäste an die „Tinches"! Nicht zu fassen.

The Apes might bite.
Do not feed the Apes.

Les Singes peuvent mordre.
Ne nourrissez pas les Singes.

Die Affen Können beißen.
Futtem Sie die Affen nicht.

Los Monos pueden morder.
No alimenten a los Monos.

Hans-Michael Gerhards

Gibraltar, Großbritannien

JAHRTAUSENDELANG hat der Mensch den Affen zum Deppen gemacht. Er hat seinen entfernten Verwandten in Käfigen ausgestellt, ihm drollige Kunststückchen beigebracht und sogar sein Gehirn als Delikatesse verspeist. Jetzt ist damit finito! Wenn irgendjemand nun noch Appetit auf Affe hat, bitte, aber wir haben das entsprechende Warnschild veröffentlicht.

3)Segnalare il pericolo d'incendio con i mezzi a disposizione.
4)Non creare panico - Mantenere la calma.

Anweisungen für Feuerverhütung

IN DEN ZIMMER IST ES VERBOTEN:

Bügeleisen - Warmhalteplatte - elektrische Herde und zu Gas.

AUSBILDUNGEN, VON BEI BRAND FOLGEN:

1)Den Aufzug nicht.
2)Das Zimmer verlassen, ohne die Tür mit dem Schlüssel schließen.
3)Zu Anordnung die Gefahr Brand mit den Mitteln.
4)Keine Panik - die Ruhe Erhalten.

Instructions for fire prevention

IN THE ROOMS IT IS FORBIDDEN TO USE:

Lido di Jesolo, Italien

HOFFENTLICH brennt es in diesem Hotel nie. Bis die verzweifelten Gäste verstanden haben, was die „Anweisungen für Feuerverhütung" bedeuten, ist längst alles bis auf die Grundmauern niedergebrannt. Wichtig erscheint es in jedem Fall, die Ruhe zu erhalten – und dann nichts wie weg!

Aeropuerto de Palma de Mallorca

1 *Mallorca, Spanien*

L'AIGUA ES VIDA
NO LA TIRIS

WATER IS LIFE
DON'T TROHW IT AWAY

EL AGUA ES VIDA
NO LA TIRES

DAS WASSER IST LEBEN
SCHMEISS DAS NICHT

اللّباس اللّائق والمحترم مفروض

Tenue correcte exigée

Muß Korrekt Kleidung anziehen

2 *Djerba, Tunesien*

1 ES IST GAR nicht so einfach, Wasser zu schmeißen. Es ist ja nicht einmal möglich, es länger als eine Minute in den Händen zu halten. Experten behelfen sich mit Luftballons, die sie am Wasserhahn füllen und dann in hohem Bogen wegwabbeln. Über professionelle Wasserwerfer verfügt nur die Polizei, also lässt man das Wasserschmeißen als Laie besser, das kommt auch der Umwelt zugute.

2 ALS AUSLANDER sollte man im Urlaub stets „korrekt Kleidung" anziehen, etwa in Kirchen, Synagogen, Moscheen oder Restaurants. „Korrekt" hängt eng mit „Respekt" zusammen. Allerdings kann man deshalb noch lange nicht erwarten, dass die Schilder im Ausland auch noch alle korrekt beschriftct sind.

*NO ACCESS FOR EVERYONE OUTSIDE THE COMPLEXTY.

*MAINTEIN THE DOOR CLOSED.

*BITTE SCHWEIGEN.

*KEIN ZUGANG HUND.

*KEIN ZUGANG FÜR ALLE AUBERHALB DER KOMPLEXITÄT.

*PFLEGEN SIE DIETÜR GESCHLOSSEN.

Jan Austen

1 *Teneriffa, Spanien*

È SEVERAMENTE VIETATO MANOMETTERE IL MATERIALE
CHE VI VIENE CONSEGNATO DAL PERSONALE DELLA STATUA

IT IS STRICTLY FORBIDDEN TO TAMPER WITH
THE EQUIPMENT RECEIVED FROM THE STAFF.

IL EST ABSOLUMENT INTERDIT DE MANIPULER
OU ALTÉRER LE MATÉRIEL QUI VOUS EST CONSIGNÉ
PAR LE PERSONNEL DE LA STATUE

ES IST ABSOLUT VERBOTEN DIE EINRICHTUNGEN,
DIE SIE VON DEN ANGESTELLTEN BEKOMMEN,
ZU ERBRECHEN.

Matthias Sax

visiva

2 *Arona, Italien*

3 *Ceyreste, Frankreich*

1 DIE MEISTEN Urlauber suchen nicht Lärm, sondern Ruhe. Sie wollen sich keine Gedanken über komplexe Dinge machen, sondern geistig abschalten. Diese Ferienanlage setzt die Sehnsüchte gestresster Menschen konsequent um. Es herrscht ein Schweigegebot – und Leute, die sich „außerhalb der Komplexität" befinden, haben keinen Zugang.

2 DAS DENKMAL für Kardinal Carlo Borromeo bei Arona kann man von innen besichtigen. Die 23 Meter hohe Statue ist hohl, für die letzten Meter im Körper des Kardinals muss man eine Steigleiter hinaufklettern. Wer will, kann sich vom Personal einen Klettergurt und Karabiner ausleihen. Obwohl die Luft im kolossalen Kardinal manchmal schlecht ist, wird darum gebeten, die Einrichtungen nicht zu erbrechen.

3 UM AN DIESEM Container in Frankreich seine Flaschen loszuwerden, muss man all seinen „Mumm" zusammennehmen und ganz laut in die „Abfalltute" blasen. Das ist verpflichtend. Oder ist der Container nur für Flaschen der deutschen Sektmarke Mumm gedacht? Wahrscheinlich handelt es sich um schlecht eingetüteten Sprachmüll.

FŐZÖTT FAGYLALT

GEKOCHTES EIS

Kunszentmárton, Ungarn

UNGARN ist bekannt für Spezialitäten, deren Zubereitung absolut mysteriös ist. Kein Nicht-Ungar weiß, wie man aus Bäumen Baumkuchen macht oder wie aus Geflügel die Hühnerbeinnudeln gewonnen werden. Auch das Kochen von Eis bleibt ein Rätsel – wie schaffen die Ungarn das bloß, ohne dass alles schmilzt?

Häpschen und Hasenbeine

Urlauber, die beim Essen in fremden Ländern nicht ein bisschen Mut mitbringen, können eigentlich gleich zu Hause bleiben. Schweinshaxen gibt es auch in Deutschland, „extrem hübsche Hasenbeine und Entenkinne" nur in chinesischen Spezialitätenrestaurants. Das ein oder andere „Häpschen" sollte man schon probieren, selbst „frittierte Franzosen" schmecken lecker, besonders mit Ketchup.

Cabarete, Dominikanische Republik

ES GIBT kaum ein wesentlicheres Grundnahrungsmittel als Brot. Es ist aber gut, immer wieder darauf hinzuweisen. Auch wenn es sich hier um einen nicht unwesentlichen Übersetzungsfehler handelt: „Pan integral" heißt auf Spanisch Vollkornbrot, es wurde über das Englische zum „wesentlichen Brot" verbacken.

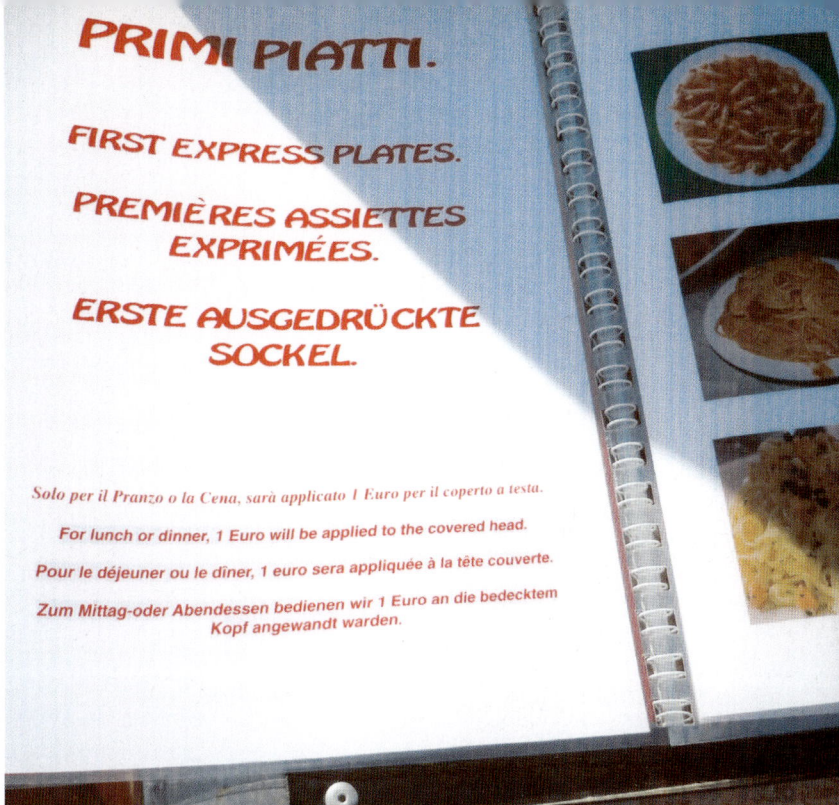

PRIMI PIATTI.

FIRST EXPRESS PLATES.

PREMIÈRES ASSIETTES EXPRIMÉES.

ERSTE AUSGEDRÜCKTE SOCKEL.

Solo per il Pranzo o la Cena, sarà applicato 1 Euro per il coperto a testa.

For lunch or dinner, 1 Euro will be applied to the covered head.

Pour le déjeuner ou le dîner, 1 euro sera appliquée à la tête couverte.

Zum Mittag-oder Abendessen bedienen wir 1 Euro an die bedecktem Kopf angewandt warden.

Lido di Camaiore, Italien

WIE WERDEN Nudeln zu „ausgedrückten Sockeln"? Durch eine tragische Verkettung von falschen Übersetzungen. „Primi Piatti" werden auf Englisch zu „Express-Tellern" – und auf Französisch und Deutsch zu ersten ausgedrückten Tellern. Und dann wird auch noch 1 Euro „an die bedecktem Kopf" angewandt („coperto" heißt hier Gedeck, nicht bedeckt). Also besser Hut ab beim „ausgedrückten Sockel"!

特色佳肴　Special dishes

美极兔腿

Fine rabbit leg

extrem huebsche Hasenbeine

美极鸭下巴

Fine duck chin

huebsche Entenkinne

1 *Changchun, China*

砂锅牛腩（日子色）

Beef tenderloin(with Japanese vermicelli)in ca

mit Tonkochtopf geschmortes Rinderfl

Rinderbauch(japanische Bohennudeln

杭椒牛柳

Beef with green pepper

mit Hangzhou Paprikaschoten gekochte Rinderfleischstreifer

金玉良缘

Fried rice with minced potato

Bratreis mit Kartoffelschlamm

朴素豆腐

Homemade bean curd

2 *Changchun, China*

48

Stefan Balszuhn

杂菌炖土鸡　　22元/例

Bacterium with chicken

3 *Peking, China*

1–2 DIE SPEISEKARTE dieses Lokals in Changchun ist extrem hübsch gestaltet, und es ist nett, dass einen der Wirt auf die Ästhetik seiner Gerichte hinweist. Nur der „Bohnenquark" und der „Kartoffelschlamm" wirken etwas plump, die „Hasenbeine" und die „Entenkinne" sind extrem hübsch. Hoffentlich ist die Bedienung eher wie Entenkinn, nicht wie Bohnenquark.

3 DIE ANGST vor Bakterien ist in chinesischen Restaurants oft unbegründet. Die meisten China-Restaurants gehen offensiv mit den Keimen um und bauen sie ins Angebot ein. Wenn man die Krankheitserreger scharf würzt und gut durchkocht, schaden sie übrigens kaum. Und das chinesische Wort für Pilz kann man übrigens auch mit Keim übersetzen.

1 *Hammamet, Tunesien*

2 *Hammamet, Tunesien*

1–2 IN DIESEM originellen Restaurant in Tunesien wurde die Erlebnisgastronomie neu erfunden. Das Kalbfleisch muss der Gast anführen und das Schnitzel muss er erst fangen, um es zu pfeffern. Pfiffige Idee. Um das geviertelte „Hänhschen" muss man sich allerdings Sorgen machen.

Macaroni Harocamo   € 10,0

½ Hühnchen pommes frites   € 10,0

Kleines häpschen klein   € 7,5

Kleines häpschen gröss   € 14,0

3 *Zandvoort, Niederlande*

4. Salat von hahnchen-ananas

5. Landwirt des huhns suppe

6. Landwirt des kalbs suppe

7. Landwirt des schweins suppe

8. Bauchsuppe rumäneart

9 Hähnchen brust von champi

4 *Ibiza, Spanien*

3 NACH DER Molekularküche kommt nun ein neuer Küchentrend: die stramme Häpschenküche. Erstes Prinzip dieses Trends aus Holland ist die stramme Zubereitung von Speck, Schinken und Käse. Das zweite Prinzip ist die konsequente Verkleinerung der Portionen. Vergessen Sie Happen und Happchen, wirklich hip sind die noch kleineren Häpschen. Das strammste Häppchen von allen ist das „kleines Häpschen klein".

4 HABEN VAMPIRE die Ferieninsel Ibiza unterwandert? In manchen Lokalen geht es jedenfalls sehr verdächtig zu, es gibt Hähnchenbrust transsilvanischer Art, „Bauchsuppe rumäneart" und geräucherten Ellbogen. Bleibt nur zu hoffen, dass das Fleisch nicht allzu blutig serviert wird. Besser Knoblauch extra bestellen!

Bozen, Italien

Wolfgang Dämmer

DIE KLAPPERSCHLANGE heißt Klapperschlange, weil sie mit einer Schwanzrassel laut klappern kann. Bislang unbekannt war die Schüttelschlange (englisch: Shakc Snake). Bei Gefahr schüttelt sie ihre Schuppen und erzeugt so ein scheußliches Geräusch.

Tel: +90 212 668 66 79
Fax: 0 212 667 90 61

Rutubet ve güneşten koruyunuz
Mamüllerimiz otomatik makinalarda
el değmeden paketlenmiştir.

Vor Feuchtigkeit Schützen und Trocken Lagern.
Unsere Produkte Werden Mit
Automatische Maschienen Verpackt.

Our products Are Automatically Wrapped
Under Hygienic Control.

Храните вдали от солнечных
лучей и Сырости:
Наши продукты Фасова
автоматизированным
Фасовочным оборудованием.

Besin Ögeleri Tablosu 100 gr içerisinde
Nutritional Information Per/100 gr.

Kalori	254
Protein	25
Karbonhidrat	16
Yağ	47.2
Cam g	122.2
Vit. Mg	50
Vit. B1 Mg	1.97
Vit. B2 Mg	0.22

Tarım ve Köyişleri Bakanlığı'nın
10.01.2005 tarih ve G34-128800001-0 no'lu
izni ile üretilmiştir.

Berlin, Deutschland

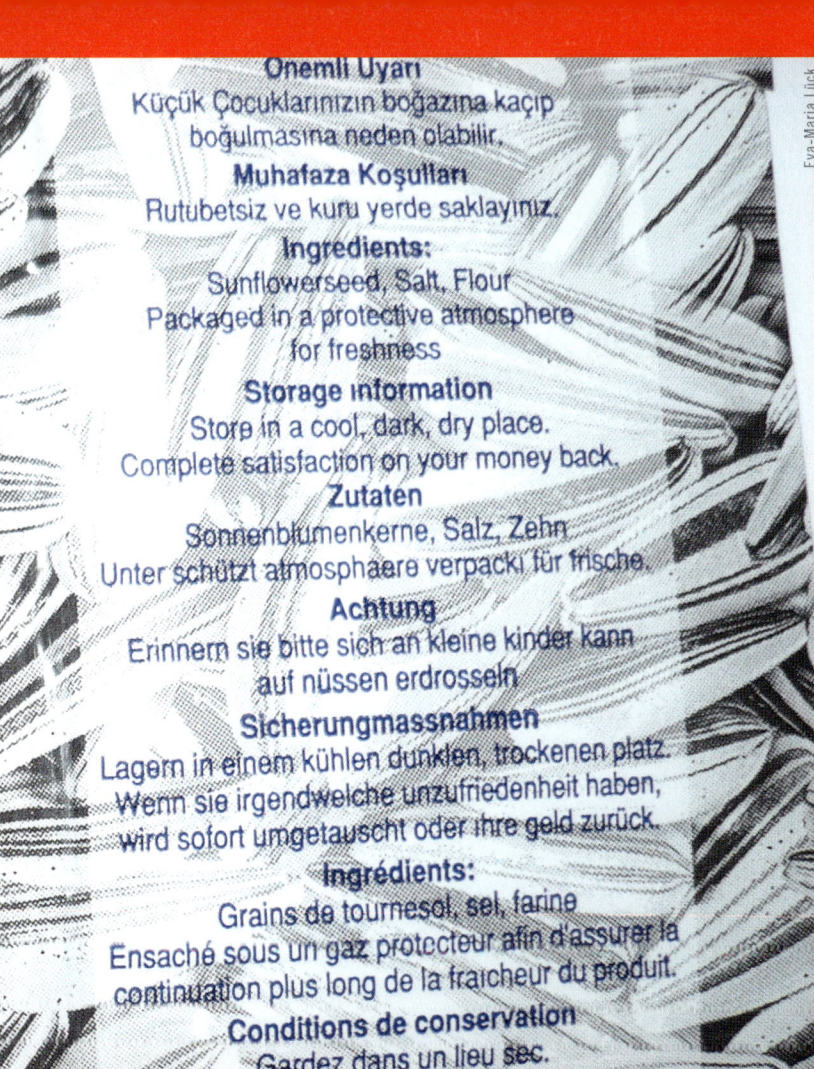

Önemli Uyarı
Küçük Çocuklarınızın boğazına kaçıp
boğulmasına neden olabilir.
Muhafaza Koşulları
Rutubetsiz ve kuru yerde saklayınız.
Ingredients:
Sunflowerseed, Salt, Flour
Packaged in a protective atmosphere
for freshness
Storage information
Store in a cool, dark, dry place.
Complete satisfaction on your money back.
Zutaten
Sonnenblumenkerne, Salz, Zehn
Unter schützt atmosphaere verpackt für frische.
Achtung
Erinnern sie bitte sich an kleine kinder kann
auf nüssen erdrosseln
Sicherungmassnahmen
Lagern in einem kühlen dunklen, trockenen platz.
Wenn sie irgendwelche unzufriedenheit haben,
wird sofort umgetauscht oder ihre geld zurück.
Ingrédients:
Grains de tournesol, sel, farine
Ensaché sous un gaz protecteur afin d'assurer la
continuation plus long de la fraicheur du produit.
Conditions de conservation
Gardez dans un lieu sec.

SONNENBLUMENKERNE sollen sehr gesund sein, sie halten zum
Beispiel das Gedächtnis auf Trab. Wer die Kerne kaut, erinnert sich
auch an kleine Kinder, wie es auf der Packung heißt – denn Kinder
„kann auf Nüssen erdrosseln". Zum Glück sind Sonnenblumenkerne
keine Nüsse.

ΚΟΜΠΟΣΤΑ ΚΟΚΤΕΪΛ

TIN COCKTAIL

COCKTAIL KOMPOST

КОМПОТ-КОКТЕЙЛЬ

1 Chalkidiki, Griechenland

Martin Landolt

Simone Kohl

2 *Straßburg, Frankreich*

1 IN GROSSEN HOTELS wird wahnsinnig viel Essbares weggeworfen. Es ist also zu loben, wenn eine Ferienanlage übrig gebliebene Cocktails kompostiert und dann zum Frühstück anbietet, als eine Art Fruchtsalat in dünnflüssigem Glibberzeug. Auf Griechisch heißt „komposta" auch „zusammengesetzt".

2 DIE FRANZÖSISCHE Fischerei liefert eine Menge interessanter Meeresfrüchte, von Miesmuscheln über Wasserschnecken bis zu schmackhaften Hummern. Die Meeresfrüchte, aus denen das „Fischereimus" gemacht wird, sehen aus wie Pfirsiche, schmecken wie Pfirsiche – und es sind Pfirsiche, denn „pêche" heißt „Pfirsich", aber auch „Fischerei".

Annina Baltisser

Buu thịt heo

13. **FRIED FRENCH**
Khoai tây chiên

14. **FRIED ONION**

1 *Mui Ne, Vietnam*

Jürgen Bösel

Die 12
Jacobs Muscheln Tartare an den südländischen Gerüchen
Die Entenleber, Äpfelnkompott und Gelee von Loupiac
Der Teller geräuchten Lachs, Garnitur vom Ozean
Meli-Melo Langustinen und Garnelen auf gierigem Salat
Marinade Lachs mit Champagne, in Art Berteliere
Chiffonnade von Landesschinken auf Salabett, Öl mit Haselnüs
Der Teller des Meeres (Garnelen, Langustinen, Austern...)

2 *Rouen, Frankreich*

1 WIE WOHL frittierte Franzosen schmecken? Knoblauch und Mayonnaise sollte man besser extra dazubestellen. Gemeint sind wohl „French Fries" oder auf gut Französisch: Pommes frites.

2 DIESES FRANZÖSISCHE Restaurant serviert sehr authentische Gerichte: Muscheln „an den südländischen Gerüchen", „Lachspflasterstein" und die „Garnitur vom Ozean". Kein Wunder, dass sogar der Salat gierig ist.

Schweinefleisch-Filet mit roter Pfeffer-Soße und

Kartoffeln an der Bratpfanne.

Rindersteak mit paprika sauce

Lendenstück des Kalbfleisches mit Kräutbutter.

Regal des saugenden an der Geschmacksrichtung von.

Rosmarin gerösteten Lammes.

3 *Menorca, Spanien*

*Rape grille con verduritas al vapor
Rap a la graella amb verduretes al vapor
Rape grille with steamed vegetables
Viol grille avec légumes cuits à la vapeur
Colza griglia con verdure al vapore
Vergewaltigung Kühlergrill mit gedünstetem Gemüse

*Calamares a la plancha con ajo y perejil
Calamars a la planxa amb all i julivert

4 *Barcelona, Spanien*

3 NORMALERWEISE brät man die Kartoffeln in der Pfanne, dieses Spezialitatenrestaurant hat sich mal etwas anderes einfallen lassen und serviert die „Kartoffeln an der Bratpfanne". Wer mal etwas ganz Originelles probieren will, wählt „Regal des saugenden", die Geschmacksrichtung dabei bleibt offen. Strohhalm nicht vergessen!

4 WIE DAS GERICHT „Vergewaltigung Kühlergrill" schmeckt, mag man sich gar nicht ausmalen. Brutal ist vor allem die Speisekarte: „Rape" ist das spanische Wort für Seeteufel, aber wenn man den Fisch sprachlich vergewaltigen will, kann man das englische Wort „rape" auch mil Vergewaltigung übersetzen und Grill mit Kühlergrill. Das tut wch.

Marie-Christine Poulet

Ländliche Suppe am Gemüse des Tages.

Frühlingssalat (unterschiedliche Rohheiten).
Salat Heringsnetz. (Kartoffeln, Netze von Hering, Zwiebeln).
Durch unsere Pflege gerauchter" norwegischer Lachs Spezialität.

Salat kleine Radhemmungen Sternei.
Ländliche Terrine "Haus".
Quiche Metzger-.

Heißes Pferdemist auf Salat.

An der Wahl.

Fisch des Marktes an der Butter von Loire.
Formen gekocht an der Hühnchensoße. Fischgratin an der
Krabbensuppe. Omeletts an der Wahl brat und Salat.
(Radhemmungen, Pilze, Käse).

Fleisch des Tages.

Schinken an der alten Madeira-Soße.
Höchst von Geflügel an den Pilzen.
Rindnagelritze an den zerschmolzenen Schalotten.
Ziel Tranchen geröstetes Rind Soße an der
Pizzawahl an der Wahl (Liste am Rücken des Menüs).
Tagliatelle an der Wahl (Liste am Rücken des Menüs).

Agadir, Marokko

DAS ANGEBLICH beste Restaurant der Welt, Ferran Adriàs El Bulli,
schließt 2011 für eine kreative Pause. Die Konkurrenz aus Agadir war
zu stark. Dort gibt es in einem innovativen Lokal „Radhemmungen"
an Sternei, „Heißen Pferdemist" und „Rindnagelritze". Ja lecko mio,
auf so was sind sie beim El Bulli einfach nicht gekommen.

de formats que nous offrons, unie à la gamme de saveurs proposées, rendent le produit capable de satisfaire touts les goûts.

Netter Klient, unsere Firma, GeG "Genuineness und Taste", es ist eine junge Firma, die im Essenssektor in Betrieb ist, und es produziert Grissotti, Böse-Zungen, Soffiotti, Messer, Frisellotti, Tarallotti und das Beginnen auch heute von Bread. Unser Objektiv ist das, auf den Markt einzuführen, heute wie viel das Fordern nie, ein Produkt der Qualität, echt, ganz Tatsache, um zu geben, mit Bestandteilen wählte sorgfältig aus. Die Vielfalt von Formaten, die wir anbieten, vereinigte sich zur Auswahl von Geschmäcken, der ein Produkt von davor fähig vorgeschlagen wird, in alle Geschmäcke zu laufen.

Sistema Qualità Certificato
UNI EN ISO 9001.2000

SINCERT

Zürich, Schweiz

WIRKLICH EINE nette Firma, sie produziert nicht nur Grisotti, sondern auch Messer und Böse Zungen. Echt. Ganz Tatsache. Böse Zungen behaupten allerdings, bei der Firma könne man zwar backen, aber nicht schreiben – schon gar nicht auf Deutsch.

crème 8,00
brûlée

- ☐ Burnt cream
- ■ Brenner puddin;
- ■ Panna cotta

Korsika, Frankreich

DER „BRENNER-PUDDING" ist ein echter Brüller. Er wurde benannt nach dem verkehrsreichsten Alpenübergang, dem Brenner-Pass. Die verbrutzelte weiße Creme ist eine kulinarische Reminiszenz an den ölverschmierten Schnee neben der Autobahn, und der Preis des Desserts wurde der Maut angepasst.

CARNES A LA PLANCHA O EN SA▮
FLEISCHGERICHTE VOM GRILL O▮

Chuletón de novillo al grill . ▮ .
Young bull steak
Junges männliches Steak

1 *Lanzarote, Spanien*

Filet des Heilig-Pierre in ▮▮▮▮▮▮
Filet Oroc Fort
Gegrillter Wolf oder Finui
Païlla in Seafoods
Tablett-Mitglied des Königshauses
« Schuhweiß, solettes, Tintenfische, 1/2 longouste,
Kebab-Garnelen »

2 *Agadir, Marokko*

1 EIN SOZIOLOGISCH interessanter gastronomischer Trend kommt aus Lanzarote. Dort wurde die Gender-Küche erfunden. Die Speisekarte ist in männliche und weibliche Gerichte eingeteilt. Das Steak ist eindeutig männlich, besonders wenn es vom Jungbullen kommt.

2 NATURSCHÜTZER sind hocherfreut, dass sich in Deutschland wieder Wölfe ansiedeln. Wenn die wüssten, dass es in manchen marokkanischen Restaurants gegrillten Wolf gibt! Alternative: Heiliger Pierre in Mandeln. Leider können nur „Tablett-Mitglieder des Königshauses" das festliche Gericht mit „Schuhweiß" und „Kebab-Garnelen" bestellen.

64

5. Mus czekoladowy serwowany z sosem waniliowym
Schockoladenmus mit Zigarettenmasse und Vanillesauce
Chocolate mousse served with vanilla sauce

Gruszka macerowana w czerwonym Bordeaux w przybrani
Czekoladowego
Birne mazeriert in rotem Bordeauxwein mit Eis und Zigaretten - Nussr
Pear macerated in red Bordeaux served with ice creams and nuts cre

3 *Danzig, Polen*

Homemade Tiramisu house / Tiramisu

Crème Brulée à la Vanille
Cream burnt with vanilla / An der Vanille gebrannte sahne

Ile Flottante et sa Crème Anglaise
Egg white and Custard / leer taste d'ei an English sahne

4 *Fréjus, Frankreich*

3 AUCH IN POLEN gilt ein strenges Rauchverbot. In Restaurants ist das Qualmen untersagt, aber die gewitzten polnischen Köche lassen sich einiges einfallen für die nikotinsüchtigen Kunden. In Danzig bietet ein Lokal ein schockierendes Sucht-Dessert an: „Schockoladenmus mit Zigarettenmasse".

4 GEBRANNTE SAHNE für 5,50 Euro? Eine Frechheit, etwas Verbranntes so teuer zu verkaufen. Für den gleichen Preis gibt es eine einzigartige Spezialität, die fast schon unterbezahlt wirkt: Leertaste vom Ei. Die meisten Köche ahnen nicht einmal, dass ein Ei eine Leertaste hat, und die wenigsten können diese ordentlich zubereiten.

Puchberg, Österreich

DIE EMO-KÜCHE erobert die Gastronomie. Einfühlsame Wirte denken sich in das Schwein hinein, bevor es gefühlvoll zum Geschnetzelten verhäckselt wird, sie spüren die Säure des Salats, bevor sie ihn mit viel Gefühl anmachen – und statt simplen Sandwiches servieren sie „gefühlte Weckerl".

Agadir, Marokko

„VORSEISE" KLINGT wenig verlockend, und wie mies muss dann erst die Hauptseise sein? Am besten gleich zum Dessert übergehen! Wer die „Vorseise" auslässt, erspart sich viel. „Danasch" gibt's etwas Deftiges zum Naschen.

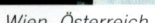
Wien, Österreich

Super
DISCOUNT

1 Schall 5€
3 Schalls 10€

GEGEN SCHALLBELÄSTIGUNG jeder Art hilft dieses Super-Ange-bot eines Discounters in Wien. Einfach um den Kopf wickeln, und Ruhe ist. Mcrkc: Namen sind Schal und Raum, Hauptsache, die Ohren sind immer gut geschützt.

Werbung und Wahnsinn

Es gibt viel falsch zu machen bei Markennamen. „Mega-pussi" ist ein auffälliger Name, der aber nicht unbedingt auf Chips schließen lässt. „Frech Fish" klingt pfiffig, aber nicht frisch, „Brot voll" ist kein guter deutscher Name für ein Sandwich, „Blödberg" keine schlaue Wahl für einen Markennamen. Einige Beispiele für misslungene Marke-ting-Maßnahmen – inklusive Verbesserungsvorschlägen.

Zur Verkäuferin

**PeserKatzerin Preis: 150.--Fr sofort
zur Verkäuferin isst.**

**KatzenKlo bekommt Gratis und Staumbaum
und mit Kissen auch Gratis sein beide es.**

Bitte nur per Sms: **Meldet**

Winterthur, Schweiz

KATZEN SIND schwer zu durchschauen. Die rätselhaften Viecher machen, was sie wollen, und wenn sich eine „PeserKatzerin" und eine durchgeknallte PeserKatzerinVerkäuferin zusammentun, versteht man erst recht nichts mehr. Der neue PeserKatzerinBesitzer darf jedenfalls über einen einzigartigen Staumbaum staunen.

THE ORIGINAL
TÄFFEL
SNACKS
TM

11. 11. 2009

JUMBO JUUSTO

Bacon & Cheddar

MEGAPUSSI!
MEGAPÅSE!
275g

Parasto
BOU

1 *Åland, Finnland*

HammarIand 06

Manuela Wanasky

2 *Frankfurt am Main, Deutschland*

1 DIE FINNEN haben einen ganz speziellen Humor. Sie finden es zum Beispiel lustig, sich nackt in 120 Grad heiße Hütten zu setzen und sich dann gegenseitig mit Tannenzweigen zu peitschen. Dass es in finnischen Supermärkten „Megapussi" im Riesensack zu kaufen gibt, wundert einen da kaum noch.

2 EIN TÜRKISCHER Gemüsebauer hat eine neue Obstsorte kreiert. Er hat gewöhnlichen Kirschen das S und das N weggezüchtet und das R an eine andere Stelle verpflanzt, fertig war die Kicherkirsche – ein ausgesprochen witziges Steinobst.

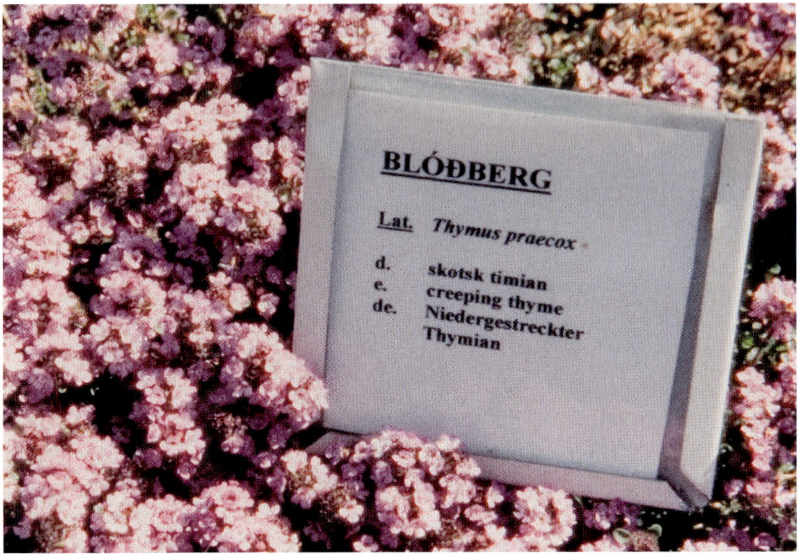

Manfred Scharfenberg

1 *Skálholt, Island*

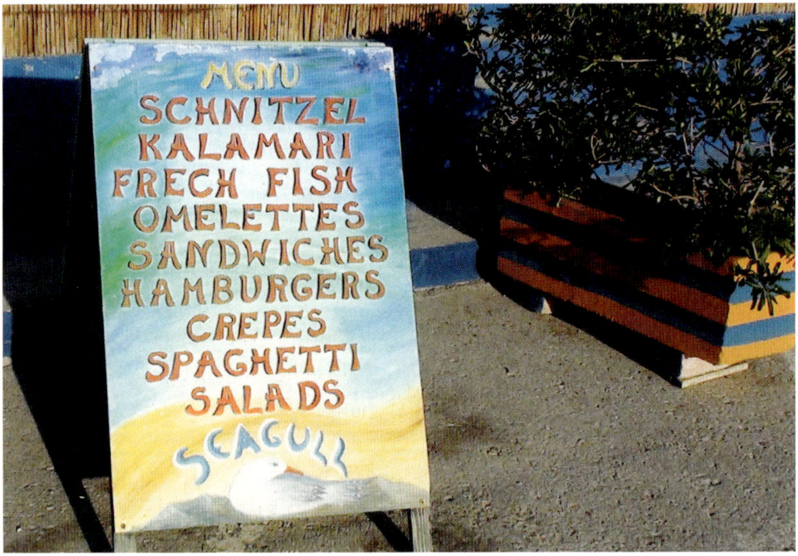

Günter und Andrea Grubhofer

2 *Kreta, Griechenland*

3 *Teneriffa, Spanien*

1 AUF DEM BLÖDBERG wachsen anscheinend nur besonders nie-
derträchtige Pflanzen. Farblich ist das Kraut ja ansprechend, aber blö-
derweise wurde die Pflanze von irgendeinem Blödmann niedergestreckt.
Vielleicht hat aber auch nur der Übersetzer bei diesem Kriechgewächs
nicht die Kurve gekriegt.

2 SPAGHETTI, Sandwich, Hamburger – wie öde das klingt! Ein pfif-
figer Wirt setzt sich mit originellen Gerichten von der Konkurrenz ab. Statt
Fad Fisch oder Dumm Fisch bietet er „Frech Fish" an. Puristen behaupten,
frischer Fisch hätte es auch getan, aber das klingt schon wieder langweilig.

3 FRÜHER SPRACHEN sie im Restaurant Monteverde auf Teneriffa
mal Englisch, aber das ist lange her. Etwas Deutsches wurde dort auch
mal versucht, aber dabei ist irgendetwas schiefgelaufen, sodass die Sil-
ben erbrachen.

Disparaissent

Ga Klim Een Rots

Gehen A...

ht L' ele...

Una Roca

Dispara...

Vai A...

ssent L

Subida U

a Uma Rocha

TM

Go
climb
a
rock. ®

YOSEMITE
NATIONAL
PARK

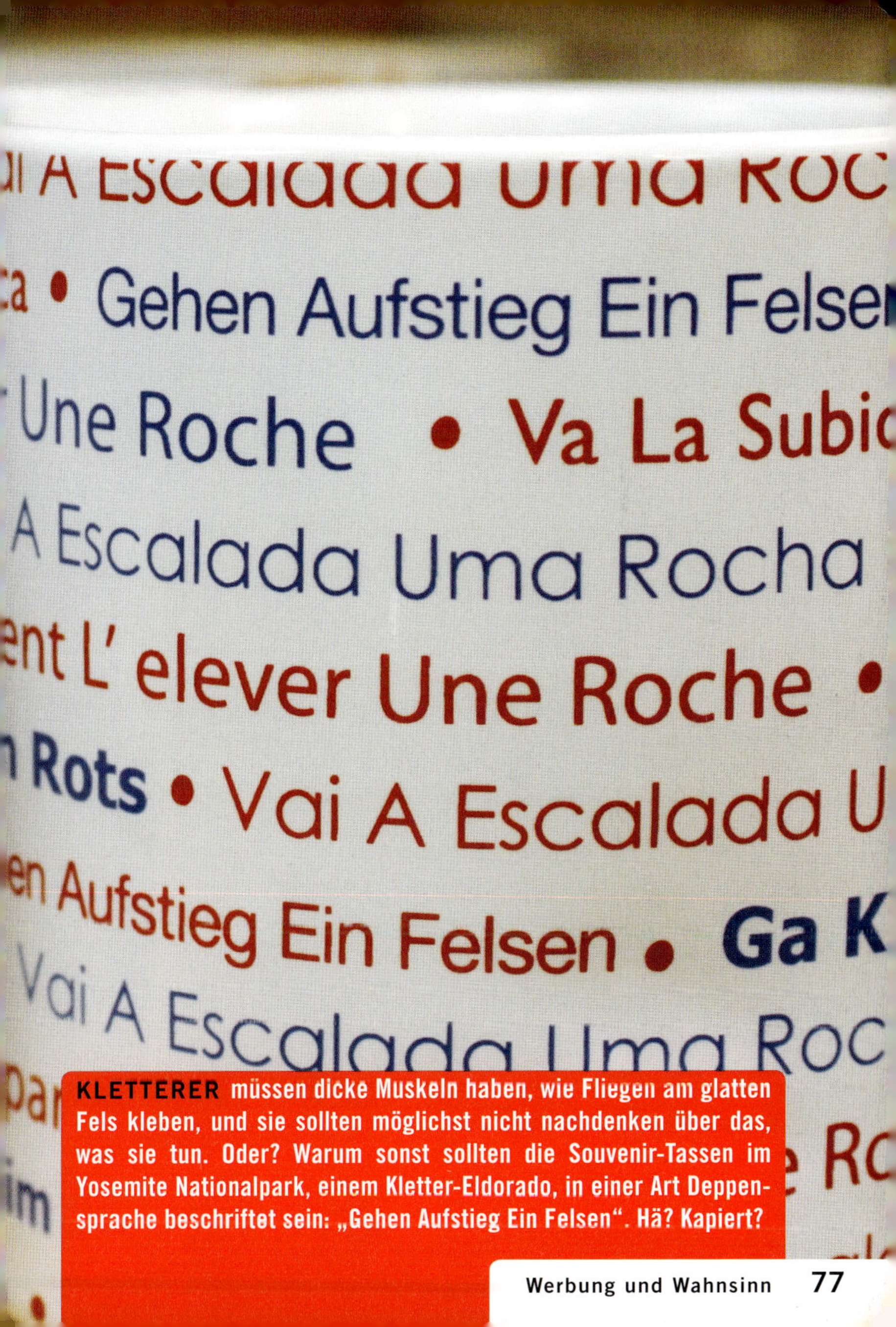

A Escalada Uma Roc

ca • Gehen Aufstieg Ein Felse

Une Roche • Va La Subi

A Escalada Uma Rocha

ent L' elever Une Roche •

Rots • Vai A Escalada U

en Aufstieg Ein Felsen • Ga K

Vai A Escalada Uma Roc

KLETTERER müssen dicke Muskeln haben, wie Fliegen am glatten Fels kleben, und sie sollten möglichst nicht nachdenken über das, was sie tun. Oder? Warum sonst sollten die Souvenir-Tassen im Yosemite Nationalpark, einem Kletter-Eldorado, in einer Art Deppensprache beschriftet sein: „Gehen Aufstieg Ein Felsen". Hä? Kapiert?

Daniela Steiner

...gerichte

...entiere - 1 pers ..	12'95
...und Gemüse -1 pers..	11'50
...nella - 1 pers	
...entiere, fleisch)...	12'50
...iesca (fleisch) ...	11'50
...arier	11'50

Filetsteak Mario's ....
Bratenrindfleisch ....
Seezunge Meuniere Art ....
Seezunge Mario's ....
Kabeljau in Safran ....
Kabeljau " Portugeise" ....
Goldbrassen aus dem Ofen ....
Seehecht in Güne Soße ....
Lachs in Soße Bearnaise ....

Alle Gerichte werden mit gemischten Gemüse oder Salat
Und Frites oder Kanarienvogel oder Bäcker oder Jacke

Teneriffa, Spanien

WIRKLICH ORIGINELLE Restaurants zeichnen sich durch Kreativität und Mut bei den Beilagen aus. Fritten, Salat und Gemüse als Beilage? Wie langweilig. In diesem Lokal kann man zum Hauptgericht Kanarienvogel, Bäcker oder Jacke dazubestellen.

CERDO NEGRO
BLACK PORK - SCHWARZES SCHWEINEFLEISCH

Kathrin Rottmann

El cerdo canario es autóctono de las Islas canarias en cuya formación han intervenido cerdos de origen español, inglés y, sobre todo africanos existentes en el Archipiélago antes de su conquista. La principal localización de la raza es en Tenerife. Su principal uso es el alimenticio, dada a la calidad de su carne. Su reconocimiento en los campesinos no es solo por la carne, por su adaptación al medio, rusticidad, resistencia a las enfermedades y aguante. Es domestico, con buen comportamiento, nada agresivo.El macho adulto es mayor que la hembra. En estos momentos no está en peligro de extinción.

The black Canary Pork is an autochthonous race of the Canary Isles in whose(which) Formation (training) there have interve ned porks of Spanish origin, inglés and, especially African that exist in this one archipelago before his(her,your) conquest. The principal location is in tenerife. His(he,ryour) principal use is the nourishing one, given the quality of his(her,your) meat. His(her, your) recognition before the peasants is not alone for his her,your) meat, for his(her,your) adjustment to the way, wildness, resistance to the efermedades and endurance. It(he)is domestic, with good comportmiento, not aggressively at all. The adult we ight of the macho is major that that of the female. Nowadays not this one on the verge of extinction.

Das schwarze Hellgelbe Schweinefleisch ist ein autochtones Rennen der Kanarischen Inseln, in deren (welch) Bildung, die sich dort (ausbildet), Schweinefleisch des spanischen Ursprungs, Innglés und, besonders Afrikaner dazwischengelegen hat, die in diesem Inselmeer vor seinem (sie, Ihr) Eroberung existieren. Der Hauptort ist in tenerife. Sein (sie Ihr) ist Hauptgebrauchdas Ernähren eins, mit Rücksicht auf die Qualität von seinem (sie, Ihr) Fleisch. Sein (sie Ihr) Anerkennung bevor sind die Bauern für seinen (sie, Ihr) Fleisch, für seinen (sie, Ihr) Anpassung an den Weg, Wildheit, Widerstand gegen die efermedades und Dauer nicht allein. Das (er) ist, mit gutem comportmiento, nicht aggressiv überhaupt häuslich(inländisch). Das erwachsene Gewicht betont männlich ist dass das der Frau bedeutend(grösser). Heutzulage nicht dieser auf dem Rand des Löschens(der Vernichtung).

Oasis del Valle

Teneriffa, Spanien

DAS SCHWARZE SCHWEIN von Teneriffa ist ein armes Schwein. Es steht zwar nicht am „Rand des Löschens", wie es heißt, aber am Rande der Verzweiflung. Denn das Tier wird so übel betextet und mit sprachlichen Hämmern weichgeklopft, bis es mürbe und verzehrbereit seinen Geist aufgibt.

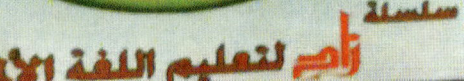

Ein Kurs für die Deutschsprache

ZAD

سلسلة زاد لتعليم اللغة الأخرى

مصحوبة بتسجيلات صوتية على كاسيت

1 *Kairo, Ägypten*

POSTBUS

ÖBB *Intercitybus*

Alles mit? / all with? / tutto con voi?

REISEPASS !
PASSPORT !
PASSAPORTO !

2 *Intercitybus Klagenfurt–Venedig*

1 „DEUTSCHSPRACHE" ist bekanntlich Schwersprache. Und Buchmache ist auch Schwermache. Blöd ist nur, wenn Deutschbuche auf Umschlagbilde schon Falschbuchstabe hat. Dann ist Kursbuche mit Deutschsprache kein Verkaufsschlagere – wegen Vertrauensverluste schon bei erste Fremdworte.

2 IM ÖSTERREICHISCHEN Postbuswesen gibt man sich gerne International. Ein Schild im Intercitybus soll die Reisenden daran erinnern, was sie alles dabei haben müssen. Auf Englisch: All with? Well, perhaps there's something to forbetter (Na gut, aber vielleicht ist da noch was zu verbessern).

Katarina Rohsmann

Tianjin, China

DIE UNTERSCHIEDE zwischen den Geschlechtern schwinden immer mehr. Die Unterscheidung zwischen Mann und Frau ist viel zu grob, es gibt ja auch Transsexuelle, Metrosexuelle und sonstige schwer definier-barc Fällc. In China wurde nun eine neue Zwischenform entdeckt, der/die/das „Feman". Man lernt nie aus.

Jan Austen

Teneriffa, Spanien

EINE TAUSCHBÖRSE fur Babys wurde in Teneriffa eroffnet. Wer zum Beispiel ein blondes Kind hat und lieber ein rothaariges möchte, kann sich dort auf einen bequemen Sessel setzen und auf Tauschpartner warten. Aber ist so etwas nicht moralisch total daneben? Nein, nur sprachlich: Es handelt sich nur um einen Raum zum Windelwechseln.

DRAW CASH

GELD - AUSZIEHEN

Crédit Mutuel
la banque à qui parler

1 Ile de Ré, Frankreich

Werner Marxgut

Eva Schmid

BREAD - HAMBURGER DRINKS - PIZZA

PAIN - SANDWICH BOISSON - PIZZA

BROT - BROT VOLL GETRÄNK - PIZZA

2 *Pisa, Italien*

1 NACHDEM AN mehreren Flughäfen Nacktscanner für Reisende eingeführt worden sind, sollen nun die ersten Striptease-Automaten getestet werden. Wer an dem Prototypen Banknoten holen will, muss sich vorher ausziehen. Es sei denn, man korrigiert das lustige Schild und benutzt das Ding ordentlich angezogen einfach wie einen normalen Geldautomaten. Eine andere Möglichkeit wäre es, das Gerät an einem FKK-Campingplatz aufzustellen.

2 MAN MUSS ja nicht jeden Anglizismus mitmachen! Zwei Stücke gebackener Teig, in die Fleischzeugs, Salatzeugs und Käsezeugs eingeklemmt sind, kann man auch einfach „Brot voll" nennen. Die Gesellschaft zur Rettung der deutschen Sprache sollte dieses Beispiel positiv hervorheben.

Chalampé, Frankreich

Accès RD 52

suivre :

Déviation

Oliver Biesken

Durchgang RD52 Nachgehen ablenkung

WER IM URLAUB Ablenkung sucht und auch mal Momente der Besinnung, sollte nach Chalampé in Frankreich fahren. Dort regen rätselhafte Inschriften am Straßenrand zum Grübeln an. Wer der Sache gedanklich nachgeht, kommt allerdings schnell darauf, dass es darum geht, der Umleitung zu folgen.

Wien, Österreich

DA WOLLTE ein Wirt witzig sein und hat den Coffee to go eingedeutscht
– und zwar mit schickem französischem Akzent: „Café zum Géhn". Allerdings ist der Gag zum Gähn'n.

Dublin, Irland

DIESE IMBISSBUDE in Irland scheint so irre gut zu sein, dass die Besitzer Angst haben, von Kunden überrannt zu werden. Anders ist es nicht zu erklären, dass schriftlich darum gebeten wird, die Bude nicht weiterzuempfehlen. Vielleicht sollte man aber auch ein besseres Wörterbuch empfehlen, denn „no share" soll in dem Fall wohl heißen, dass man sich das Essen nicht teilen darf.

被岸
NEXT BANK
玲珑阁油画工作室
ELEGANT SHOP OIL PAIN TUNG WORK ROOM

1 Shenzhen, China

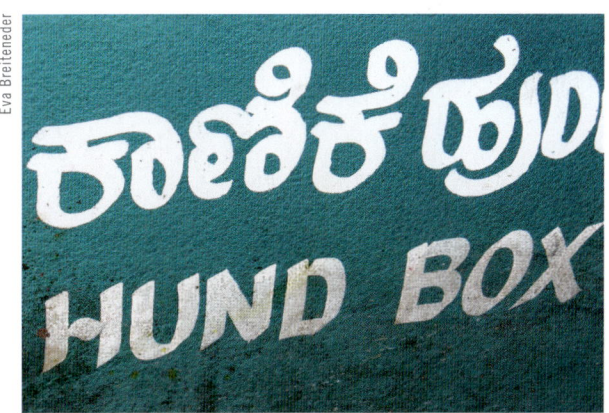

2 *Bangalore, Indien*

1 ES SCHEINT nicht so leicht zu sein, in Shenzhen eine Bank zu finden. Selbst wenn man eine entdeckt, kann es sein, dass dort nicht Geldscheine, sondern „Oil Pain Tung" erhältlich sind. Das elegante Schild weist auf ein Atelier für Ölgemälde hin. Der chinesische Name bedeutet in etwa „Beiderseits des Flussufers". Hier wurde „next" statt „both sides" übersetzt und „bank" im Sinne von „Bank" statt „Flussufer".

2 WIE SOLL MAN in diese Metallbox einen Hund einwerfen? Und warum? Der enge Schlitz reicht nicht mal für einen Chihuahua. Man soll auch nicht die Tiere sparen, sondern Geld für sie spenden.

SORTIE

EXIT

SALIDA

AUSFALL

USCITA

SAIDA

Versailles, Frankreich

DAS SCHLOSS von Versailles verfügt über zahlreiche pompöse Räume, prunkvolle Spiegelsäle und prächtige Marmortreppen. Nur der Ausgang ist echt enttäuschend: eine ästhetische wie sprachliche Ausfallerscheinung.

Survival und Hygiene

Selbst im schönsten Urlaub kann es Details geben, die einem nicht ganz sauber vorkommen. Wo findet man an der französischen Toilette den „Kopf der Jagd"? Wie soll man an einem Tisch die „Fiege brüntzen"? Wie entgeht man der gefährlichen Brandungsrückströmung? Hier ein paar Tipps.

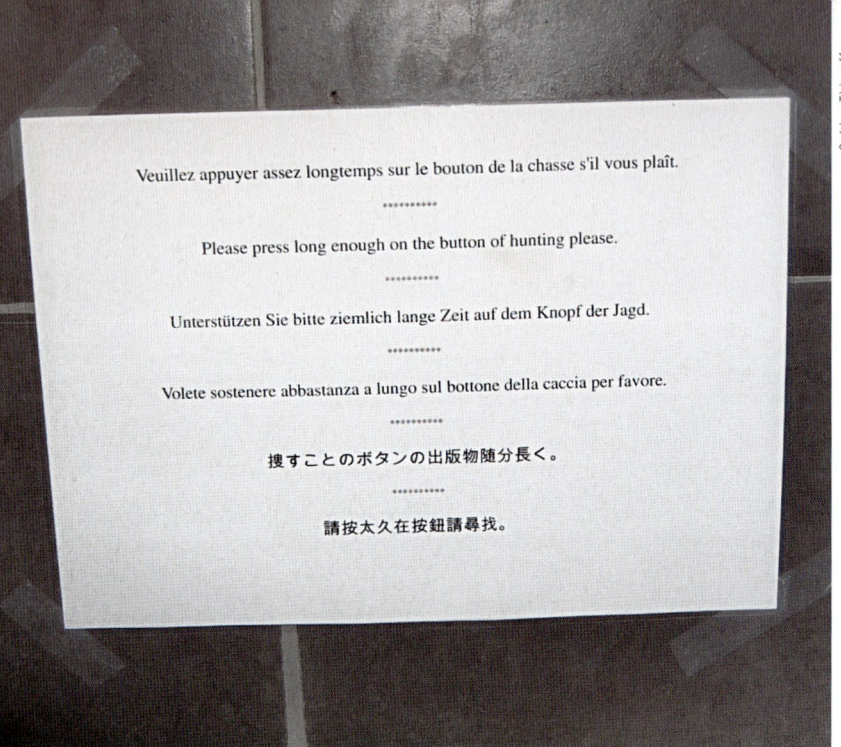

Veuillez appuyer assez longtemps sur le bouton de la chasse s'il vous plaît.

****

Please press long enough on the button of hunting please.

****

Unterstützen Sie bitte ziemlich lange Zeit auf dem Knopf der Jagd.

****

Volete sostenere abbastanza a lungo sul bottone della caccia per favore.

****

捜すことのボタンの出版物随分長く。

****

請按太久在按鈕請尋找。

Arles, Frankreich

DER ÜBERSETZER hat Wort für Wort nach der richtigen Bedeutung gejagt und doch knapp daneben geschossen. „Le bouton" heißt tatsächlich „der Knopf"; „la chasse" heißt auch „die Jagd", aber gemeint ist hier „la chasse d'eau", die Wasserspülung.

Europäisches Nordmeer, Norwegen

MIT DER SCHWEINEGRIPPE ist auch eine Hygiene-Hysterie ausgebrochen. Viele Menschen haben Angst, jämmerlich einzugehen, wenn sie sich auf einem Kreuzfahrtschiff mit einem Virus anstecken – völlig unbegründet, wie dieses Foto beweist. Allerdings wird Hygiene auf den Schiffen der Hurtigruten in Norwegen nicht nur groß, sondern auch falsch geschricbcn.

SACHET POUR GARNITURES PERIODIQUES

Ce sachet sera enlevé par la femme de chambre.
Nous vous remercions de ne rien jeter dans les toilettes.

This packet will be removed by the maid.
Thank you for not throwing in the toilet.

Dieser Beutel wird entfernt von der Frau Zimmer.
Wir danken ihnen für nichts in die Toilette werfen.

Questo pacchetto sarà rimosso dalla cameriera.
Grazie per non gettare nel WC.

C'est un pr... pour la planète !

Nous avons choisi ce sac
100% dégradable

1 *Straßburg, Frankreich*

Niels Niethard

ERSONA   TIENEN PREFERENCIA EN LAS DUCHAS.
GRACIAS

THE PEOPLE HAVE PREFERENCE IN THE SHOWERS
THANKS

DIE LEUTE HABEN PRAFERENZ IN DEN DUSCHEN.
DANKE

2 *Teneriffa, Spanien*

1 RESPEKT UND DANK gebührt jenen namenlosen Servicekräften, die diskret den Müll aus Hotelzimmern räumen. Keiner sieht sie, keiner kennt sie, keiner bedankt sich namentlich bei ihnen. Nur in diesem Hotel in Straßburg wird ausdrücklich darauf hingewiesen, dass die Hygienebeutel „von der Frau Zimmer" entfernt werden. Vielen Dank dafür, Frau Zimmer.

2 ERST DIE OHREN waschen und dann unter den Achseln? Abwechselnd kalt und heiß? Singen oder schweigend genießen? Die Menschen haben so ihre Präferenzen unter der Dusche. Vielleicht ist auch gemeint, dass sich Hunde, Katzen und Pferde hinten anstellen müssen, die Menschen kommen zuerst dran.

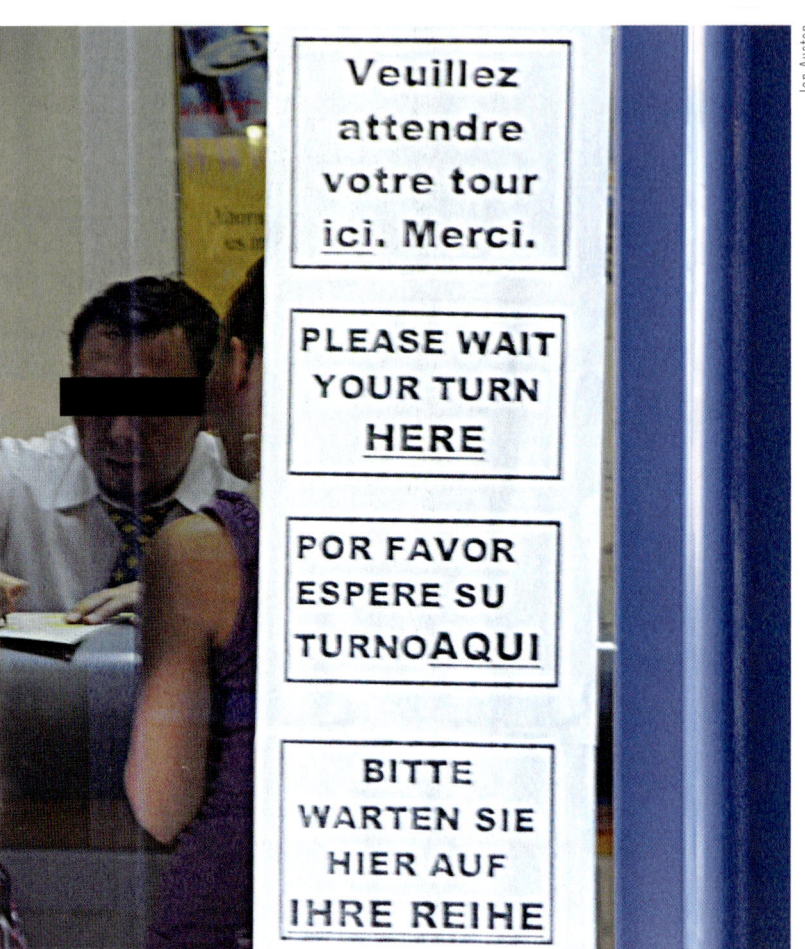

Veuillez
attendre
votre tour
<u>ici</u>. Merci.

PLEASE WAIT
YOUR TURN
<u>HERE</u>

POR FAVOR
ESPERE SU
TURNO<u>AQUI</u>

BITTE
WARTEN SIE
HIER AUF
IHRE REIHE

Teneriffa, Spanien

DRÄNGELEIEN vor der Supermarktkasse können einem den ganzen Urlaub versauen. Auf Teneriffa geht man deshalb neue Wege. Anstatt sich an der Kasse anzustellen, soll man an einem Schild warten, bis die Reihe zu einem kommt. Das kann unter Umständen dauern, aber dafür ist die Stimmung gleich viel entspannter.

PRECAUCIÓ · PRECAUCIÓN · WARNING · VORSICHT

Ajuntament de Capdepera

CORRENT DE RESSACA
Us pot estirar mar endins

CORRIENTE DE RESACA
Puede alejarle de la orilla

RIP CURRENT
You could be swept away from shore

BRANDUNGSRÜCKSTROMUNG
Es ist gestattet hinaus zu schwimmen

Mallorca, Spanien

IRGENDWIE KANN man ja verstehen, dass die Einwohner von Mallorca die Schnauze voll haben von den deutschen Touristen. Aber die „Brandungsrückstromung" ist eine fiese Sache, denn während alle anderen Nationalitäten davor gewarnt werden, an dieser Stelle ins Wasser zu gehen, ist es Deutschen gestattet, hinauszuschwimmen. So wird man die Deutschen garantiert los.

Spindlermühle, Tschechien

HAIR DRYERS
IS IN
RECEPTION HALL
TOO OPPOSITE
TOILET

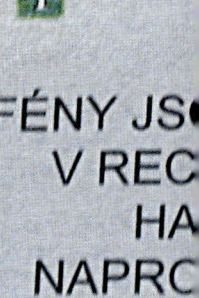

FÉNY JS
V REC
HA
NAPRO

U TAKÉ
PČNÍ
E
WC

FÖHNEN SICH AUCH IM HALLE BEI REZEPTION GEGEN WC

BEI DIESEM SCHILD kriegt man den Föhn! Vorausgesetzt, man positioniert sich „im Halle bei Rezeption gegen WC". Bis man verstanden hat, wo das ist, vergehen locker ein, zwei Stunden — und die Haare sind trocken. Eine raffinierte Art, Strom zu sparen.

REMEMBER ■ PRESERVE NATURE
■ ALWAYS WEAR A HELMET ■ RIDE SAFELY
■ READ OWNER'S MANUAL CAREFULLY BEFORE RIDING

SOUVENEZ-VOUS ■ PRESERVEZ LA NATURE
■ PORTEZ TOUJOURS VOTRE CASQUE ■ CONDUIRE AVEC
PRUDENCE ■ CONDUIRE EN PLEINE CONNAISSANCE
DES INDICATIONS DE LA NOTICE D'EMPLOI

ACHTUNG ■ SCHUETZE DEIN LEBEN
■ SICHER FAHREN
■ DENKE AN DEINE SICHERHEIT
■ VOR INBETRIEBNAHME BEDIENUNGSANLEITUNG
VORSICHTIG LESEN

1 *Berlin, Deutschland*

NACH JEDEM ESSEM man muß WASCHEN,
die TISCHE, die WASCHEN KLINEN,
die GASEN um die kunche besser
zu utilisieren.

Man sollt die fiege brüntzen um
diesen ort SAUBER ZUR LIENEN.

2 *Lourdes, Frankreich*

Erika Haase, Martin Zeimetz

3 *Bogaskent, Türkei*

1 MOTORRADFAHREN ist gar nicht so gefährlich, wie es immer heißt. Das Wichtigste ist es, die Bedienungsanleitung vorsichtig zu lesen. Da kann nämlich einiges schiefgehen, wie bei dieser Honda CB 400. Auf Englisch heißt es, man solle die Natur schützen, auf Deutsch das Leben. Und alle müssen einen Helm tragen, nur die Deutschen nicht. Dann kann ja nichts passieren.

2 DAS TISCHABWISCHEN ist eine Wissenschaft für sich. Man braucht dazu „Gasen", „Klinen" und „Lienen" – sowie eine explizite Anleitung, die sich gewaschen hat. Wichtig ist es auf jeden Fall, die „fiege" zu „brünlzen", dann wird garantiert alles rein. Nicht ganz sauber scheint nur der Übersetzer gewesen zu sein.

3 KANN ES SEIN, dass ein türkischer Bahnhof so leer ist, dass für ihn gesammelt wird? Wie soll der Bahnhof mit Weingläsern und Pappbechern gefüllt werden? Und warum? Es ist eher umgekehrt: Leere Gläser werden am Bahnhof eingesammelt.

1 *Fuerteventura, Spanien*

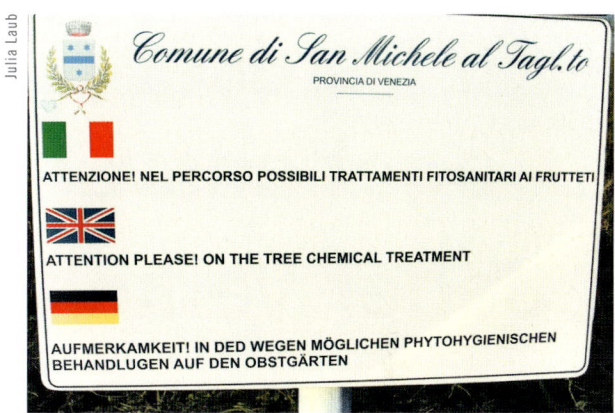

2 *Cesarole, Italien*

1 DIESE ÜBERSETZUNG ist die Pest, und sie kann einen geradezu auf die Palme bringen: „Plantas" wurde falsch mit „Betrieben" übersetzt, und die Beschäftigung mit Produkten bringt einen auch nicht weiter. „Achtung, Gift!" wäre besser gewesen.

2 KUNSTVOLLE ELEGANZ, auch wenn es um eklige Dinge geht – das ist die italienische Art, die Welt positiver zu sehen, als sie ist. „Mögliche phytohygienische Behandlugen" ist eine sehr elegante Umschreibung für Pflanzengift.

Al færdsel på eget ansvar Jeder Verkehr auf eigener Verantwortung

Løkken, Dänemark

JEDE ART VON Verkehr kann Folgen haben, vom Auffahrunfall bis zum unehelichen Kind. An gefährlichen Stellen muss man deshalb deutlich darauf hinweisen: Bis hierher und nicht weiter. Besonders wenn, wie in diesem Fall, die Straße an einer Abbruchkante endet und dahinter eine Steilküste kommt.

Tiebas, Spanien

DER SCHWERVERKEHR hat's auch nicht leicht. Es ist ein schwerer Job, mit schweren Wagen schweres Zeug durch die Gegend zu bewegen. Es ist auch klar, dass intensiver Verkehr von schweren Wagen nicht auf die leichte Schulter zu nehmen ist, also geht die Größe und Schwere der Botschaft schwer in Ordnung.

Ihr (Feiertag) Haus, das einen vorteilhaft örtlich festgelegten Tarif noch gemalt wird während der Jahreszeit erfahren ist und gegen, beginnt?

Wir, Erfahrung und Absolventmaler, können Ihnen helfen!

Auch wir können Ihnen alle Gütezeichen ungefähr 40% zur Verfügung stellen anderwohin malen, Latex und Spachtelputz preiswerter als.

Kamperland, Niederlande

Auch für Behandlung und die Reparatur von Holz!

Zu mehr Information und/oder einem Tender Sie immer schellen kann unser natürliches oder verschicken, kommen wir dann frei an Ihnen entlang und besprechen ein anderes mit Ihnen!

NIEDERLÄNDISCHE MALER sind für ihre Exzentrik berühmt, man denke nur an Vincent van Gogh. Der total durchgeknallte Werbezettel eines niederländischen Malermeisters steht also in einer kulturell bedeutungsvollen Tradition. Die irren Infos können einem ein bisschen Angst machen, vor allem wegen der Drohung, dass der Meister „frei an Ihnen entlang" kommt, falls man etwas nicht verstanden hat.

Handwerk und Bildung

Reisen bedeutet immer auch Weiterbildung. Es gibt so viel zu lernen! Faszinierend sind beispielsweise die Feinheiten der australischen Fleischschnitzerei. In Italien gibt es das „Pumpeskoph" zu bestaunen, mit dem man Zwillingen Locken drehen kann. Und in Frankreich wurde eine Taste erfunden, die den Urlaub verlängert.

RPET

ll-being and
e.

n your own
der age.
right to turn
and refuses
e not due to

st be of strong
bited to people
ths and those

DER FEDERNDE TEPPICH

erlaubt viel körperliche Arbeit,
Gesundheit, Linie und... Einen unglaublichen

VORSICHT

Die Strecke müssen auf die direkte
Verantwortung der Eltern benutzt werden.
Die Direktion vorbehält sich die Übertreter der
verzeichneten Regeln von der Anlage zu
entfernen und lehnt jede Verantwortung für
irgendeinen Schaden nicht verbindlich der
schlechten Arbeisweise der Spiele ab.
Es braucht gesund und stark sein, um diesen Typ von Übung
zu betreiben. Es ist strengstens verboten den ungesunden
Subjekten besonders den Herzkranken und die ein
kompromiettiertes klapperdures und/oder knöchernes
Apparat haben.

1 *Rimini, Italien*

ПОЖАЛУЙСТА ВЫБЕРИТЕ ЯЗЫ
PLEASE SELECT LANGUAGE
WAHLEN SIE DIE ZUNGE
CHOISISSEZ LA LANGUE

РУC

2 *Moskau, Russland*

Karin Zehmann

3 *Guantian, Taiwan*

1 ITALIENISCHE WISSENSCHAFTLER sind kurz davor, den fliegenden Teppich, wie man ihn aus den Geschichten aus „Tausendundeine Nacht" kennt, in die Tat umzusetzen. Da der Teppich so stark federt, ist die Benutzung für „ungesunde Subjekte" mit „kompromiettiertem klapperdurem und/oder knöchernem Apparat" verboten – die Gerippe würden sonst ganz ohne Teppich durch die Luft fliegen.

2 IN EINEM RESTAURANT wäre es vielleicht noch sinnvoll, die Zunge zu wählen. Aber an einem Bankomat? Eigentlich möchte man dort keine Zungensorten, sondern Banknoten bekommen. Zunge und Sprache sind tatsächlich eng miteinander verwandt. Im Französischen gibt es ein Wort für beide Begriffe (langue), im Deutschen aber nicht.

3 WAHRSCHEINLICH die kinderfreundlichste Toilette der Welt: Nur Kinder dürfen das Handwaschbecken benutzen, und bei der Gelegenheit werden die Erwachsenen auch noch daran erinnert, ihre Kinder nicht zu schlagen. Sehr fürsorglich.

Elke Cunz

ES- La **crema facial Hidratante Triple Acción** , actúa de forma inmediata, es una crema altamente hidratante con efecto 24 horas, manteniendo la piel fresca y suave. Forma una película protectora en la piel, mejora la cohesión de la matriz extracelular de la epidermis y aumenta los niveles celulares de proteína, con lo que aumenta la capacidad de absorber y retener la hidratación. Enriquecida con aceite naturales emolientes y nutritivos ricos en aportes de Oligoelementos y Vitamina A, B, B1, B5, B6, B12, C y E; y complementados por extractos de plantas, favoreciendo la rápida difusión de los principios activos tanto en superficie como en profundidad: con lo que se consigue un cutis notablemente mejorado, haciendo que la piel recobre hidratación profunda, dinamismo y elasticidad.

GB- The face cream **moisturizing Triple Action**, works of immediately, it is a moisturizing cream highly with effect 24 hours, maintaining the skin fresh and smooth. It forms a protective film in the skin, improving the cohesion of the extracellular matrix of the epidermis and increases the levels cellular of protein, and so it increases the capacity to absorb and to retain the hydration. Enriched with oil natural emollient and nutritious rich in contributions of trace elements and Vitamin A, B, B1, B5, B6, B12, C and E; and complemented by natural extracts of plants, favoring the fast diffusion of the active principles as much in surface as in depth: and so an improved skin is obtained remarkably, causing that the skin recovers deep hydration, dynamism and elasticity.

DE- Die **Gesichtscreme, die dreifache Tätigkeit**, Arbeiten von sofort befeuchtet, ist es eine befeuchtende Creme in hohem Grade mit Effekt 24 Stunden und behält die frische und glatte Haut bei. Es bildet einen schützenden Film in der Haut und verbessert den Zusammenhang der extrazellularen Matrix der Epidermis und die Zunahmen die Niveaus, die vom Protein zellular sind und also erhöht es die Kapazität, die Hydratation aufzusaugen und zu behalten. Angereichert mit natürlichem erweichenden des Öls und nahrhafte Reiche in den Beiträgen der Spurelemente und des Vitamins A, des B, des B1, des B5, des B6, des B12, des C und des E; und ergägenzt durch die natürlichen Auszüge der Anlagen, die schnelle Diffusion der aktiven Grundregeln in der Oberfläche wie eingehend so viel bevorzugend: und so wird eine verbesserte Haut bemerkenswert erreicht und verursacht, dass die Haut tiefe Hydratation, Dynamismus und Elastizität zurückgewinnt.

Gran Canaria, Spanien

WIE VERKAUFT man eine einfache Creme für wahnsinnig viel Geld? Um überzeugend zu wirken, muss man viele Fremdwörter gebrauchen („extrazellulare Matrix der Epidermis"), man muss jede Menge Vitamine auflisten und dann noch schwammig von cincr „Zunahme die Niveaus" fabulieren. Hier wurde allerdings etwas zu dick aufgetragen.

CAFèNOIR®

SHOES, BAGS AND ACCESSORIES

Gentile Cliente,
nel ringraziarla per aver scelto le nostre calzature, cogliamo l'occasione per informarla che il pallame metallizzato normalmenta utilizzato per la realizzazione di alcuni dettagli relativi ai nostri prodotti, puo subire, a causa d'una eccessiva sudorazione o ph elevato, cambiamenti d'aspetto sostanziali evidenziando anche notevoli alterazioni di colore della superficie. Tale fenomeno non e pertanto da ritenersi un difetto, ma conseguenza della elevata particolarita del materiale.

Dear Customer,
thank you for choosing our shoes, we take the occasion to inform you that the metalize leather normally used for the realization of some details concerning our products, could endure, because of an excessive perspiration or high Ph, substantial change of aspect evidence also remarkable alteration of color of the surface.
Such phenomenon is not therefore to think a defect, but consequence of the elevated particularity of the material

Gentil Client,
dans la remercier pour avoir choisi nos chaussures, nous cuillons l'occasion pour informer que les peaux metallise normalement utilise pour la réalisation de quelquesdétails relatifs à nos produits, peuvent subir, à cause des excessive ou Ph elevé, changements de l'aspect substantiels en mettant en évidence même des considérables altérations de couleur de la superficie. Tel phénomène n'est pas par conséquent a se retenir un défaut, main une conséquence de l'elevée particularité du matériel.

Estimado Cliente,
Agradeciendole la confianza demostrada al haber escogido un producto Cafenoir, aprovechamos la ocasion para informarle que las pieles utilizadas normalmente para realizar algunos detalles de nuestros productos, puden sufrir cambios de aspecto con alteraciones en el color de la superficie, debido a excesiva sudoracion o a un ph elevado. Este fenomeno no se puede considerar un defecto, sino una consecuencia de la peculiaridad del material

Sehr geehrter Kunde,
Wir danken Ihnen, denn Sie haben unsere Schuhe ausgewählt und Wir wollen lhnen mitzuteilen, dass das Metallic Leder, üblicherweise für die Durchführung einige Details unserer Produkte, leidet, als folge der übermäßbigen Schwitzen oder hoher pH-Wert, inhaltliche Änderung aufschlussreich Aspekt auch mit signifikante Veränderungen in der Farbe der Oberfläche. Dieses Phänomen ist somit nicht als Makel, sondern eine Folge der hoen Besonderheit des Materials,

München, Deutschland

ITALIENISCHE SCHUHMACHER sind weltberühmt für ihre Handwerkskunst. Weniger berühmt sind sie für ihre sprachlichen Talente. Wer versucht, diesen Zettel zu entziffern, der einem Schuhkarton beilag, kommt leicht ins „übermäßbige Schwitzen", was den Schuhen nicht gut bekommt. Es kann zu „signifikanten Veränderungen" und „inhaltlichen Änderungen" kommen. Das sei aber kein Makel, heißt es, sondern eben Kunst.

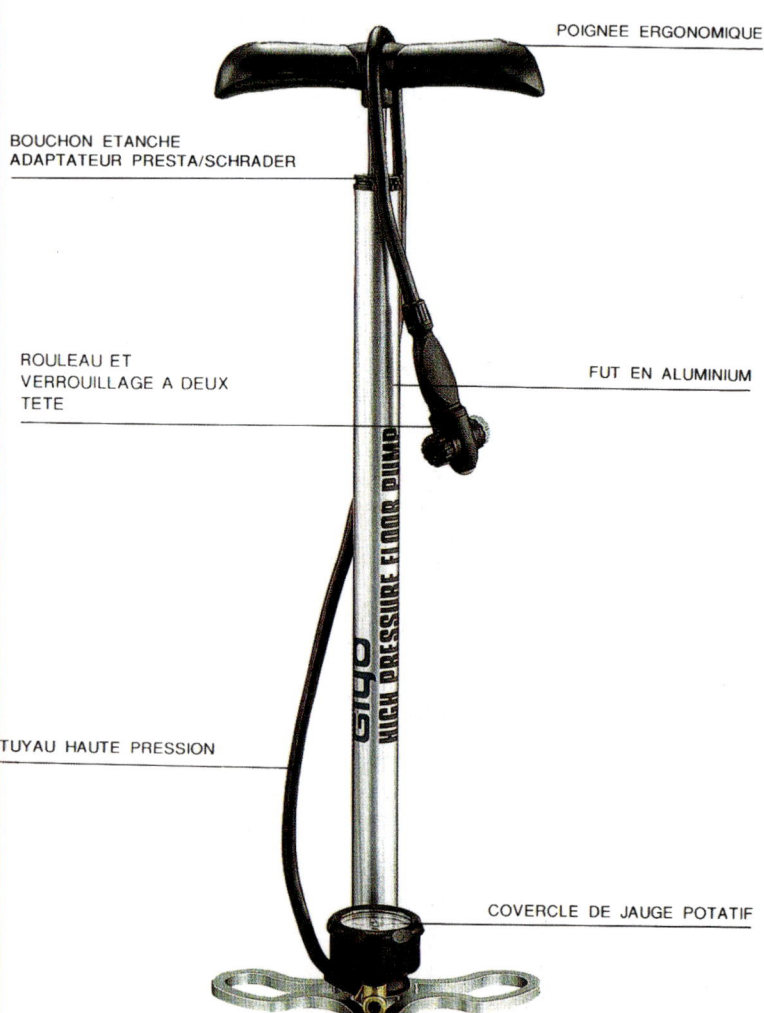

POIGNEE ERGONOMIQUE

BOUCHON ETANCHE
ADAPTATEUR PRESTA/SCHRADER

ROULEAU ET
VERROUILLAGE A DEUX
TETE

FUT EN ALUMINIUM

TUYAU HAUTE PRESSION

COVERCLE DE JAUGE POTATIF

Walter Gottschalk

ZWILLINGSKOPF- DREHUNG UND LOCKE

Die Instruktionen

1. Überzeugen sich das Pumpeskoph auf der lockerne Stufe. (Bild I)
2. Wählen rechte Seite des Ventil.
3. Setzen das Pumpeskopf ins mündende Ventil.
4. Drehen 90°-Winkel, läßt sich "Rundpunkt" mit der position "Locke" anzupassen. (Bild II)
5. Blasen bis wünschenswerter Druck auf.

- -

DOPPIA TESTA-Gira e blocca

ISTRUZIONI

1. Assicurarsi che la pompa sia in posizione aperta (fig. I)

DAS „PUMPESKOPH" ist ein faszinierender Apparat. Man kann damit Locken drehen, vor allem bei Zwillingen. Wie das gehen soll? Einfach die detaillierten Anweisungen durchlesen. Hilfreich ist es, wenn man Italienisch kann, dann stellt sich nämlich heraus, dass es sich um eine Luftpumpe für Fahrräder handelt, und nicht um einen Lockendreher für Zwillinge.

Walter Augustin

Madeira, Portugal

Bomba Vulcânica

Bombe Volcanique

Volcanic Bomb

Ungestüme Bombe

ES SOLL JA sehr zögerliche, zarte, zimperliche Bomben geben. Sie zieren sich erst, bevor sie vorsichtig explodieren. Da ist es schon sinnvoll, eine Bombe, die es mit irrer Kraft zerreißt, als „ungestüme Bombe" zu beschriften. Es handelt sich in diesem Fall um einen sogenannten Pyroklasten, einen Gesteinsbrocken, der ziemlich ungestüm aus einem Vulkan geschleudert wird.

Great for slicing meat or carving poultry

Perfeckt für schnitzen-scheibe Fleisch Höhnchen und so weiter

Perfecta para cortar carnes y aves

Brisbaine, Australien

Christine Fahlbusch

Versatile chopping mats
that protect countertops
when preparing foods,
cooling bakery items or
slicing meat. Dishwasher safe

Mehrzweck Aackem Matte
Schützt den Küchetisch weil
Mann essen bereitet für Kalt
Und für Back waren Vorschneide-Schnitzen
Fleisch und Vorspeise. Geschirrspül
Automat sicher.

DIE AUSTRALISCHE Fleischschnitzerei ist ein relativ unbekanntes Kunsthandwerk. Schön, dass diese Technik dank der Übersetzung auch mal Ausländern nähergebracht wird. Sie ist undenkbar ohne die „Aackem Matte" und das „Vorschneide-Schnitzen". Der Fleischschnitzer braucht eine „Schnitzen-Scheibe" und großen Mut. Der Umgang mit diesem Handwerkszeug wird jahrelang geübt. Darin unterscheidet sich die australische Fleischschnitzereischule von australischen Sprachschulen.

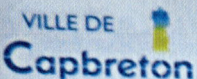

MODE DE FONCTIONNEMENT DES INSTALLATIONS DU PARKING DE L'ESTACADE

VILLE DE Capbreton

VOUS STATIONNEZ MOINS D'UNE DEMI-HEURE

- Passage à la caisse automatique
- Introduction du ticket dans celle-ci
- Pas de règlement en caisse
- Le ticket récupéré doit être restitué dans la borne de sortie pour l'ouverture de la barrière

VOUS STATIONNEZ PLUS D'UNE DEMI-HEURE

- Passage à la caisse automatique
- Introduction du ticket dans celle-ci
- Règlement de la somme due
- Le ticket récupéré doit être restitué dans la borne de sortie pour l'ouverture de la barrière

YOU PARK LESS THAN HALF AN HOUR

- Go to the automatic cash machine
- Introduction of the ticket in it
- No payment in cash machine
- The recovered ticket must be restored in the output for the opening of the barrier

YOU PARK MORE THAN HALF AN HOUR

- Go to the automatic cash machine
- Introduction of the ticket in it
- Payment of the sum due
- The recovered ticket must be restored in the output for the opening of the barrier

COLOCAN MENOS DE UNA MEDIA HORA

- Paso a la caja automática
- Introducción del billete en ésta
- No hay reglamento en caja
- El billete recuperado debe devolverse en el terminal de salida para la apertura de la barrera

COLOCAN MÁS DE UNA MEDIA HORA

- Paso a la caja automática
- Introducción del billete en ésta
- Reglamento de la suma debida
- El billete recuperado debe devolverse en el terminal de salida para la apertura de la barrera

SIE STATIONIEREN WENIGER ALS EINE HALBE STUNDE

- Übergang zur automatischen kiste
- Einführung des tickets in diese
- Nicht eine verordnung in kiste
- Das wiedergewonnene ticket muß in der ausgangsgrenze für die öffnung der Schranke zurückerstattet werden

SIE STATIONIEREN MEHR ALS EINE HALBE STUNDE

- Übergang zur automatischen kiste
- Einführung des tickets in diese
- Verordnung der geschuldeten summe
- Das wiedergewonnene ticket muß in der ausgangsgrenze für die öffnung der Schranke zurückerstattet werden

1 *Cap Breton, Frankreich*

Armin Noll

Jutta Wolff

2 *Madeira, Portugal*

1 EIN AUTOMOBIL ist nichts anderes als eine „automatische Kiste".
Das Ding fährt praktisch von allein, problematisch wird es nur, wenn man
parken will: Übergang zu einer anderen automatischen Kiste, Einführung
des Tickets in die Kiste, nicht eine Verordnung in die Kiste? Hä? Am besten
nicht ins Parkhaus fahren mit der Kiste.

2 PIZZA ZUM Mitnehmen, das geht nur mit willenlosen Schlaffi-
Pizzas. In dieser Pizzeria auf Madeira haben die renitenten Teigfladen
einen starken eigenen Willen. Man könnte sagen, die Pizza hat Biss. Es
braucht Führungsqualitäten, um das Essen unter Kontrolle zu bekommen.
Anfänger sollten mit der Pizza so umgehen wie mit einem jungen Hund.
Erst rufen: Platz, Pizza! Und das Ding dann mit klaren, lauten Worten
aus dem Lokal führen.

SOLO CAMBIO EXACTO

EXACT CHANGE ONLY

EXAKT NUR ÄNDERN

Las Autoridades Sanitarias advierten que el tabaco perjudica seriamente la salud.

Ben Künstler

1 *Fuerteventura, Spanien*

Ne rends pas la monnaie
No change avaible
Kein Wechselgelb

Mike Ristau

2 *Saint-Malo, Frankreich*

Frank Donath

SI AVVISA CHE A MAGGIOR GARANZIA
DEI NOSTRI CLIENTI

In questo locale sono in funzione
le telecamere a circuito chiuso

In this market are in action some
closed circuit camera

In das geschäft in betrieb sind den
stromkreis kameras

Dans ce magasin sont active'es des
cameras à circuit fermé

3 *Sardinien, Italien*

1 EIGENTLICH EINE exakte Übersetzung, nur müsste man einiges ändern. Zum Beispiel nicht Wort für Wort vom Spanischen ins Englische und dann ins Deutsche, sondern exakt dem Sinn nach: „Change" heißt in diesem Fall nicht „ändern", sondern „Kleingeld".

2 DIE FARBE GELB hat im Straßenverkehr eine heikle Bedeutung. Man weiß nie, ob sie etwas Gutes oder etwas Schlechtes bedeutet. An der Ampel kann es bei Gelb knapp werden, vielleicht wechselt sie auf Rot. Dieser Automat gibt kein „Wechselgelb", da kommt es wenigstens nicht zu Missverständnissen.

3 DIEBE HABEN in diesem Laden auf Sardinien keine Chance. Das kaum zu knackende Sicherheitssystem funktioniert auf Basis von falschen Bezügen, Grammatikfehlern und absurder Logik. So etwas kann der schlaueste Verbrecher der Welt nicht entschlüsseln, es sei denn, er kann Italienisch und versteht, dass es sich um ein geschlossenes System von Überwachungskameras handelt.

LAYING ON WALLS

Depending on the type of wall surface, use a glue-type cement or an adequate ready-to-use product that bas been officially approved for that type of surface.

Closely follow the instructions for preparing ind using the cement.

LAYING ON FLOORS

Use an officially approved glue-type cement with added ingredients, on that you have prepared for use according to the maker's instructions.

RECOMMENDED GROOVING COMBS

Blades smaller than 5 × 5 cm   3 × 3 mm teeth
Blades from 5,5 to 7,5 cm   5 × 5 mm teeth
Blades of 10 × 10 cm   7 × 7 mm teeth

CUTTING

Because of the vitrified texture, it is advisable to use water-cooled-diamond-dust saws with continuous cime to sake precise cuts.

DECORATION AND PRODUCTS WITH PAPER ON THE ENAMELED SIDE TO FACILITATE GLUING

All traces of glue must be removed before packing joints with lute. This is true even if perforated kraft pager was on the enameled side when the products were glued into position.

PACKING JOINTS

They must be filled at least 24 hours after tile laying.

On walls, joints can be packed with gray or coloured cement lutes harmonizing with the products colours.

On floors use only a paste of gray Portland 45 cement.

VERLEGETIPS REINIGUNG

VOR DEM AUSLEGEN, KONTROLLIEREN DIE VERWEISUZGNUMMER, DEN WAHL UND DIE NUANCE. WIR NEHMEM NICHT DIE REKLAMATIONS BEZUGLICH DER AUSGELEGT PRODUCT AM.

Vor dem Auslagen, verschiedenen Kartons einige Fliesen der Grösse 30 × 30 entnehmen und an Boden ausbreiten, um Abtönengefahr zu vermeiden (ausgenommen Dekor) menning 5 Dosen.

 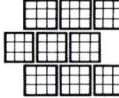

BEIM AUSLEGEN

Empfechlen wir, jede Fliesenreihe etwas versetzt von den letzten auszulegen.

WANDVERFLIESUIN

Jenach Untergrung vom hersteller empfohlene Kitt, sorter verwende, die behördich genewigt sind. Achten die Gebrauchsanweisung.

BODENWERLEGUNG

Verwenden einer Leimmördlich geneheigt ist, und bereiten gemäß der Gebrauchsanweigung.

GERATEM KAMM

Fliesen unter 5 × 5 cm   3 × 3 mm kamm
Fliesen von 5,5 und 7,5 cm   5 × 5 mm kamm
Fliesen von 10 × 10 cm   7 × 7 mm kamm

SCHNITT

Aufgrun der gesinterten Struktur ist hier Vorsicht geboten.

Wir geraten die « Fliesen und Kachelsäge » mit Wasser und Sägeblatt mit durchegehenden Radkranz.

DEKOR UND FLIESEN AM PAPIER IN DIE EMAILLIRTE SEITE

Wenn die Product mit einen durchgebohrt (oder nicht) Kraft geklebt sind, Sie müssen alle Spurleim asstoßen, vor dem Ausfugen.

AUSFUGEN

Darf erst mindestens 24 Studen nach dem Auslegen erfolgen.

In die Wand. Ausfugen kann man mit grauen oder farbigen Zement verwiklichen.

In den Boden, verwenden nür einen Grauen Zementestrich CPJ 45.

Imp. C.G.L. Briare - Tél. 38 31 39 70

Regina Winter

L'ETENDRE AU SOLEIL.

DIESER ARTIKEL WURDE ZUR
PERSONALISIERUNG DES AUSSEHENS
UND DER GEWEBSEIGENSCHAFTEN
EINER SONDERHANDBEHANDLUNG
UNTERZOGEN. GLEICHHEIT DES
AUSSEHENS UND ABWEICHUNGEN IN
DEN ARTIKELN UND IN DER ZEIT
KÖNNEN NICHT GARANTIERT
WERDEN. SEPARAT LINKS WASCHEN
UND TROCKNEN. NICHT DER SONNE
AUSSETZEN.

2 *Bempflingen, Deutschland*

1 „WANDVERFLIESUIN" gilt als eine hoch entwickelte Kunstform, die mit dem normalen Fliesenlegen kaum etwas zu tun hat. Man braucht dazu einen „Geratem Kamm", einen „Untergrung", der „leimmördlich geneheigt" ist, eine Säge mit „durchegehenden Radkranz" – und viel Fantasie. Falls der Handwerker „Spurleim" ausstößt, ist das ein Zeichen dafür, dass doch etwas schiefgegangen ist.

2 JEDE JEANS hat ihre eigene Persönlichkeit. Die einen sind schüchtern, grau und möglichst normal, die anderen cool, ausgebeult und löchrig, wieder andere exaltiert, mit Glitzer-Applikationen und Fransen. Fachleute mutmaßen noch, ob die Psyche einer Jeans mit den Genen oder der Erziehung zu tun hat. Das Geheimnis, so viel können wir hier verraten, liegt darin, dass jede Jeans einer psychologischen Sonderbehandlung unterzogen wird.

Jan Fabi

Wir garantieren als diese
Artikel hat gewesen
handgearbeitet bei
handwerker benützen
Leder der erste qualitat

We guarantee
that this leather bag
has been hand made
by our craftsmen
only with the
finest leather hides

Mallorca, Spanien

WIR GARANTIEREN als diese Beipackzetel hat nicht gewesen handgeschrieben bei Übersetzer der benutzen Worterbuch der erste Qualität. Leider.

LEGGERE E CONSERVARE

Attenzione!
Togliere l'attacco
in plastica del cartoncino
prima di consegnare il gioco al bambino

Attention!
Remove the attack in plastics of the cardboard
before delivering the game to the child

Attention!
Enlevez l'attaque en plastiques du carton
avant de délivrer le jeu à l'enfant

Aufmerksamkeit!
Ziehen sie den angriff vor es
in plastiken der pappe um,
das spiel bei dem kind
abzuliefern

Ca'Pasquali, Italien

WASSERPISTOLEN können gefährliche Waffen sein, wenn sie in falsche Hände geraten. Es ist von brutalen Attacken und umgebrachten Kindern die Rede. Allerdings ist die Übersetzung das Brutalste: „Attacco" heißt in diesem Fall nicht Attacke, sondern es geht um eine Plastik-Verbindung zwischen Pappe und Pistole, die man vor dem Spielen entfernen soll.

INSTALLATION AND OPERATION INSTRUCTIONS
Under Dash Type, Big Power 50 Watts Max.
Ultra Mini Cassette Car Stereo Player

Remarkable features of this unit

1. Locking Fast-Forward
2. Auto-Stop Function
3. Tape Running Indicator Lamp
4. High Output Amplifier with Integrated circuitry
5. For 12 Volt Negative Ground

CAUTIONS

1. Be sure to remove cassette tape from the player, specially when the engine of your car is being started or stopped. Otherwise tape may sometimes be ripped up and/or entangled.
2. Head cleaning
   The "HEART" of each player is the playback head. Please clean it regularly to remove all dust and dirt. Wipe with a piece of cottonwool or gauze (e.g. Q-tips) moistened with denatured alcohol and avoid touching the head with hard or metallic materials. Dirty head reduces the playback quality. For the owner to clean the head regularly is part of the normal maintenance of such player and thus does not fall under the warranty commitments of the seller.
3. Cassette Tape
   Check if the tape is wound tight before inserting the tape into the cassette tape player. A loose tape could cause damage to the player. Make it tight by inserting a pencil or some other instrument in to the spindle hole and turning gently as shown in Figure.

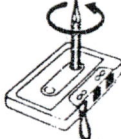

This set will play all standard type cassette tape. It

MONTIERUNGS- UND BETRIEBSANWEISUNGEN
Unter "Dash" Typ, Große Leistung 50 Watt Maz.
Über "Mini" Kassette Wagen Stereo Spieler

Merklicke Eigenheiten dieses Satzes

1. Vorrückende Abschließung
2. Selbsteinhaltende Funktion
3. Laufender Streifen-Anzeiger-Glühlampe
4. Hoheren Leistungsverstärker mit integrierender Stromkreis.
5. Für 12 Volt negative Erdleitung

Beachtung

1. Bestätigen Kassette-Streifen von dem Spieler zu entfernen, insbesondere wenn der Motor Ihrer Wagen abfahrend oder anhaltend ist. Sonst Streifen mag von Zeit zu Zeit zerreißen und/oder verwirren sich.
2. Kopf reinigung
   Das Zentrum jedes Spieler ist der Umspieler-Kopf. Bitte reinigen es regelmäßig Stanb und Schmutz zu entfernen. Wischen mit einem Schnitt von entfette der Baumwolle oder anfeuchtender Gaze mit denaturierendem Alkohol und verhindern der Kopf mit starken oder metallischen Materien zu berühren. Schmutziger Kopf vermindert die Umspielungsqualitä. Es ist ein Teil von Erhaltung solches Spielers, daß de Besitzer reinigt regelmäßig den Kopf, und dies i unter den Garantie-Vertrag des Verkäufers nicht a gehören.
3. Kassette-Streifen
   Besichtigen Sie, ob der Streifen fest wicket sich ord nicht, bevor derselbe wird in dem Kassette-Streifen Spieler eingefügt. Ein loser Streifen kann beschädig auf dem Spieler. Dichten diesen, folglich dieser Spiele wurde einen Bleistift oder ein anderes Instrument seinem Spindel-Lock eingefügt, und dreken den ruh bezeigt in Figuren.
   Ich glaube, daß dieser Satz spielt allen normale Kassette-Streifen-Typen. Es wird empfehen, da Streifen mit einer Länge über 60 "mins" genüt nicht auf Wagen-Kassette-Spielern werden.
4. Wenn der Wagen ist anhaltend und aussetzend v der sonne, die innere Temperatur dessebe kann ung wöhnlicherweise staigen, und dies konnte die Fun tion des Stereo-Spielers beeinflußen. Auf ein solche

IMPORTANT

WIRING

1) The unit is designed for use in a car with 12V negative ground battery.
2) Observe connecting plug wire colors.
3) Connect BLACK wire to earth. (Chassis negative ground)
4) Connect RED wire to the car's fuse box ONLY.
   CAUTION: DO NOT CONNECT RED WIRE TO IGNITION SWITCH.
5) Connect the speakers to the speaker leads. When connecting ensure that the speaker connectors do not short to the chassis or black wire. If any speaker lead shorts to the chassis or black wire the set will be damaged.
6) To operate your tape player, simply insert a cassette cartridge.
   The unit will turn on automatically. Now, adjust volume, and tone to your own taste.

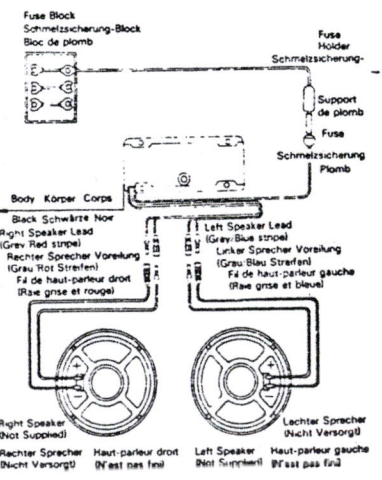

Fuse Block
Schmelzsicherung-Block
Bloc de plomb

Fuse Holder
Schmelzsicherung-Support de plomb

Fuse
Schmelzsicherung
Plomb

Body Körper Corps

Black Schwärze Nor
Right Speaker Lead
(Grey Red stripe)
Rechter Sprecher Vorsilung
(Grau Rot Streifen)
Fil de haut-parleur droit
(Raie grise et rouge)

Left Speaker Lead
(Grey/Blue stripe)
Linker Sprecher Vorsilung
(Grau/Blau Streifen)
Fil de haut-parleur gauche
(Raie grise et bleue)

Right Speaker
(Not Supplied)
Rechter Sprecher
(Nicht Versorgt)
Haut-parleur droit
(N'est pas fini)

Lechter Sprecher
(Nicht Versorgt)
Left Speaker
(Not Supplied)
Haut-parleur gauche
(N'est pas fini)

INSTALLATION INSTRUCTIONS

1. Select suitable location on the underside of the instru...
   mer...
   loca...

5) Verbinden den Sprecher mit dem Sprecher-Leitungsdraht. Wenn Verbindung wird bestätigen, daß der Sprecher-Leistungswähler kurzschließt nicht an dem Chassis oder Schwärze-Draht, falls irgendein Sprecher-Leitungsdraht schließt an dem Chassis oder Schwärze-Draht kurz, der Satz wird beschädigen.
6) Zu betreiben Ihrer Streifen-Spieler, fügen eine Kassette-Patrone in Kürze ein.
   Der Satz umdreht vielleicht automatisch. Dann, regeln Lautstärke und Ton nach Ihrer Geschmack.

Montierungsanweisungen

1. Wählen entsprechenden Platz auf der Unterseite des Instrument-Paneels diesen Spieler zu montieren. Das empfehlende Platz ist nach der Rechte des Steuerungspfostens, der anbietet Vorteil für Betrieb des Kraftfahrers. Dann, Spieler wird "IN-DASH" oder auf dem Zentrum-Konsole aus dem Grund desselbe Über Mini Maß montieren können. Vielmehr, montieren den Satz, welchem derselbe entgeht von Staub, und bringen nicht denselbe zu näher nach dem Erhitzer-Kanal.
2. Wenn ein entsprechender Platz kann nicht auf dem unter Seite des Instrument-Paneels gefunden werden, es ist empfohlen, daß Sie montieren über Spieler über Übertragungswiderstand auf dem Boden. (Gerade gegenseitige montierende Ausleger)
3. Nach Auswahlung eines entsprechenden Platzes, legen vorrichtende Ausleger auf einmal auf dem Spieler an, erheben dieselbe vorrichtendem Platz und markieren den Platz vorrichtenden Auslegersloches.
4. Bohren zwei Löcher des 6 mm Maßes auf den markierenden Platz.
5. Legen vorrichtende Ausleger mit vorsehenden zwei vorrichtende Mütter und Bolzen.
6. Montieren den Spieler auf den Ausleger und befestigen im Platz mit vorsehenden Bolzen und Unterlegscheiben.

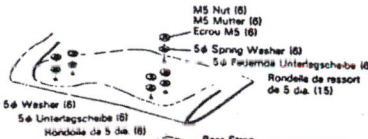

MS Nut (6)
MS Mutter (6)
Ecrou MS (6)
5ø Spring Washer (6)
5ø Federnde Unterlagscheibe (6)
Rondelle de ressort de 5 dia. (15)

5ø Washer (6)
5ø Unterlagscheibe (6)
Rondelle de 5 dia. (6)

Biograd, Kroatien

TAUCHEN MIT Sauerstoffflaschen erfordert gründliche Vorbereitung, Fachkenntnisse und ein bisschen Zeit. Es sei denn, man benutzt eine „schnelle Fülltauchen Flasche". Mit diesem Express-Zubehör sind auch Turbo-Tauchgänge von 90 Sekunden möglich. Ideal für den schnellen Tieftauchgang zwischendurch.

Bienvenidos al Aeropuerto Internacional de Punta Cana

Para beneficio y tranquilidad de todos, estamos escaneando a todos los pasajeros con nuestra camara de deteccion termica. La cual solo detecta altas temperaturas. Esta no irradia ninguna señal y es segura para todos los pasajeros.   Gracias....

Welcome to Punta Cana International Airport

For everyone's benefit and peace of mind, we are scanning all passengers with our thermal detection camera. it only detects high temperatures. it does not radiate any signal and is safe for all passengers. Thank you...

Bienvenue a l' Aéroport International de Punta Cana

Pour le bien de tous et la paix de ... nous sommes tous les passagers de numérisation avec notre camera.t détection th... que ne détecte que des températures élevées. il ne pas rayonner tout signal et il est sans danger pour tous les passagers   Merci...

Willkommen in Punta Cana International Airport

Für alle von nutzen und den frieden des geister, wir scannen alle passagiere mit unseren thermischen nachweis camera.t nur erkennt hohen temperaturen. es nicht strahlen alle signal ·u nd ist sicher für alle passagiere.   Danke...

Punta Cana, Dominikanische Republik

AUF DEM FLUGHAFEN von Punta Cana steht eine ganz besondere „thermische nachweis camera". Sie ist in der Lage, den Frieden der Geister herzustellen. Wird das Gerät demnächst für den Friedensnobelpreis und den Nobelpreis in Physik nominiert? Leider nicht, und den Übersetzungsnobelpreis gibt's auch nicht. „Peace of mind" (Seelenfrieden) wurde hier falsch mit „frieden des geister" übersetzt.

Gerhard Barth

Lieber Kunde

Wir schlissen um wegen
Renovierung

Danke

Stutensee, Deutschland

Liebe Leser!

Wir übelsetzen weiter! Wenn Sie daheim oder unterwegs, im Kurzurlaub oder auf einer großen Reise skurrilen „Übelsetzungen" begegnen, können Sie uns Ihre persönlichen Fundstücke per Post oder per E-Mail schicken. Bitte geben Sie dabei Ihre Anschrift, E-Mail-Adresse und Telefonnummer an. Vielen Dank!

Post:
Langenscheidt Verlag
Bereich Kids & Entertainment
Kennwort: Übelsetzungen
Postfach 40 11 20
80711 München

E-Mail:
uebelsetzungen@langenscheidt.de
Betreff: Übelsetzungen